SCHILLO
VERLAG

Hannah Buchholz

Frühling 2020

Haikus

Schillo Verlag

12. März 2020

Sehnsucht / Nach all den Stürmen

– Sehnsucht nach der Nacht
unter den Sternen, mit dir –
– nach all den Worten! –

Sehnsucht nach dem Land,
in dem die Worte blühen –
– unter den Sternen! –

– Sehnsucht nach Ferne,
nach Weite, Sonne, Freiheit –
– im wilden Süden! –

ᔓ

Sehnsucht nach dem Wort,
das wieder aufblühen will –
– und aufblühen wird! –

Sehnsucht nach Grenzen –
– die sich behutsam öffnen. –
Sehnsucht – nach dem Fluss! –

Sehnsucht nach dem Strom
– der Worte, der uns mitreißt! –
Sehnsucht nach dem Meer! –

❧

– Sehnsucht nach Leben –
unbekümmert, wild und frei!
– Sehnsucht nach mehr Licht! –

Sehnsucht nach dem Mond,
dem milden Licht des Südens.
Sehnsucht – nach dem Sturm!

– Nach all den Stürmen –
der stete Strom der Sehnsucht:
– immer gen Süden. –

Fragmente der Sehnsucht

Sehnsucht nach dem Haus –
– das ich allein bewohnte.
Sehnsucht nach dem Wort.

– Sehnsucht nach Lyrik. –
Sehnsucht nach dem Wort, dem Klang
– nach dem Geheimnis! –

– Sehnsucht nach Leben –
das sich anderswo abspielt.
– Sehnsucht nach dem Buch. –

ᔓ

Sehnsucht nach dem Rausch –
den berauschenden Wegen
– der Literatur. –

Sehnsucht nach Wolken,
nach den Gewitterworten!
Sehnsucht nach dem Sturm!

Sehnsucht nach dem Fluss –
nach dem Fluss meiner Worte.
Sehnsucht nach dem Meer!

ꕥ

Sehnsucht nach dem Teil,
– den ich verloren glaubte.
Sehnsucht nach mir selbst!

Sehnsucht nach dem Bruch –
der Wolken wie der Worte.
Sehnsucht nach dem Fall!

Sehnsucht nach dem Ort,
den ich verlassen musste –
– um anzukommen!

13. März 2020

Entfesseltes Licht

– Das Universum –
schwieg mir tausend Worte zu.
– Ich verstand sie nicht! –

– Es verengte sich –
und ich wurde ein Körper
– unter Tausenden. –

– War es gleichgültig?
Es sagte: Sei ein Körper!
Dann schwieg es wieder. –

ꝏ

– Das Universum –
sagte in Wirklichkeit: nichts.
– Und so schwieg auch ich. –

– Ich war ein Körper –
unter – Abertausenden. –
– Wie fühlte ich mich? –

– Zerbrechlich – doch leicht –
verletzlich, sterblich – und doch:
– – beinah schwerelos. – –

ഗ

– Dann, eines Tages,
sagt mir das Universum –
– Entfessle dein Licht! –

– Entfessle dein Licht? –
Nein, das Universum schweigt.
– Und doch leuchte ich! –

– Es leuchtet wieder! –
Alle Mauern stürzen ein!
– Kein Körper? Nur Licht! –

14. März 2020

Nur eine Skizze

für T.

– Ein kalter Bildschirm. –
Mir fehlt deine warme Haut!
– Mir fehlt: dein Atem! –

– Nur der Mond und ich. –
Nur eine Skizze, kein Licht –
– als das des Mondes! –

– Nur eine Skizze. –
Nur eine kleine Notiz:
– Ich vermisse dich! –

Notiz an die Massen

– Angst ist ein Virus! –
Steckt euch doch nicht alle an –
– mit dem Angst-Virus! –

– Lasst das Klopapier –
in den Regalen – und lasst
– die Kirche – im Dorf! –

– Was geschieht, geschieht! –
Seid ruhig und bleibt gelassen –
– und steckt euch nicht an! –

Seltsame Zeiten

– Seltsame Zeiten. –
Ein Grippevirus, das uns
– dermaßen ängstigt? –

– Seltsame Ängste. –
Seltsame Massenpanik.
– Hustet da einer? –

– Ich befürchte nur –
die Sprache zu verlieren!
– Seltsame Zeiten! –

Wo bleibt die Freiheit?

– Wo bleibt die Freiheit –
in diesen so seltsamen
– verrückten Zeiten? –

– Reduziert sie sich –
am Ende auf die Worte
– und die Gedanken?

– Wo bleibt die Vernunft?
Wo bleiben: die Besinnung
– und Besonnenheit? –

☙

– Wo bleibt die Lehre –
die wir aus alldem ziehen – ?
– Überall: Leere! –

Wo bleibt die Freiheit?
Wo ist sie nur geblieben?
– In den Regalen? –

– Die Schulen schließen. –
Die Grenzen sind geschlossen.
– Die Freiheit bleibt: hier! –

Bist du dir sicher? / Können wir je sicher sein?

– Sind wir je sicher? –
Können wir je sicher sein?
– Bist du dir sicher? –

– Wissen wir jemals –
was wir denken und fühlen
– sollen und wollen? –

– Bleibst du zu Hause –
oder gehst du in den Wald?
– Gehst du zum Bäcker? –

☙

– Die lange Schlange –
vor der Bäckerei. Der Duft
– nach frischen Croissants. –

– Da hustet einer! –
Entsetzte Blicke. Alle
weichen – schnell! – zurück!

– Bist du dir sicher –
dass wir uns treffen sollten?
– Ich weiß doch auch nicht! –

ൟ

– Bist du dir sicher?
Können wir je sicher sein?
– Nein. Natürlich nicht! –

– War die Sicherheit
nicht immer eine schöne
– kleine Illusion? –

– Sind wir je sicher? –
Können wir je sicher sein?
Nein. Was macht das schon? –

In meinem Garten

I

– Die Flöhe husten –
und das Gras wachsen hören –
– in meinem Garten. –

II

– Helle Aufregung? –
Nicht hier in meinem Garten. –
– Hell ist nur: das Licht. –

– Ausnahmezustand? –
Nicht hier in meinem Garten!
– Hier arbeite ich – – –

– in aller Ruhe –
und feile an den Worten –
– Blüten. – Wolken. – Licht. –

III

– Die Blumen blühen –
als wäre nichts geschehen.
– Hier geschieht auch: nichts!

– Nichts als die Worte –
die hier – zwischen den Zweigen –
– aufblühen wollen! –

17. März 2020

❧

– Hier geschieht: gar nichts –
und dieses Nichts entspannt mich.
– Wolken. – Blüten. – Licht. –

Einfach abwarten ?

– Einfach abwarten –
bis sich die Massenpanik
– wieder verflüchtigt – – – ?

– Abwarten und Tee
trinken? Nein. Kaffee trinken
– und eine rauchen! –

– Noch eine rauchen? –
Natürlich. Denn die Lunge
– muss trainiert werden! –

– Unvernünftig sein? –
Der Massenpanik zum Trotz
– nach draußen gehen …?

– Millionen Viren –
schwirren dort draußen herum –
– in der Frühlingsluft? –

– Dennoch den Frühling
und das Leben genießen! –
– Einfach abwarten – – – ?

17. März 2020

Ein Frühlingsabend / Im schwindenden Licht

Ein Frühlingsabend. –
– Orangefarbene Wolken.
Himbeer-Himmel-Licht. –

– Alles könnte so –
einfach und so schön sein! Und:
– Ist es das denn nicht? –

– Einsame Worte –
die zueinander finden –
– im schwindenden Licht!

18. März 2020

In meinen Träumen / Auswege

– In meinen Träumen –
irrte ich verloren durch
– die leeren Straßen. –

– Ich wollte Freunde –
treffen. Fand sie nicht. Das Fest
– fand ohne mich statt. –

– In meinen Träumen –
war ich verloren. – Morgens
– fand ich mich wieder. –

– In meinem Garten –
allein mit meinen Worten –
– und doch: nicht allein! –

– Die Worte finden –
zueinander – und zu euch.
Und was will ich mehr? –

– In meinen Träumen –
fand ich meinen Ausweg nicht.
– Mein Ausweg? Mein Wort! –

Ausnahmezustand

– Ausnahmezustand. –
Shutdown. Erstaunliches Wort!
– Erstaunliche Zeit. –

– Ausrufungszeichen. –
Überall: diese Zeichen –
– der Exklamation! –

– Diese Lautstärke –
Ausrufungszeichen! Und doch –
– auch: diese Stille. –

– Dieser Gegensatz –
Zeitungen schreien: Notstand!
– Und die Stadt bleibt still. –

– Ein stilles Echo. –
Eine leise Besorgnis.
– Kein lauteres Wort. –

In die Nacht hinein

– Ein goldenes Licht –
streift die Apfelbaumblüten
– ehe es dunkelt. –

– Dort oben im Baum –
sonnt sich nun meine Katze –
– im Abend-Rot-Gold. –

– Gestreifte Katze. –
Schon springt sie hinunter.
– Schon sinkt die Sonne. –

– Apfelbaumblüten –
atmen auf – im letzten Licht
– des Frühlingsabends. –

– Schon sinkt die Sonne,
schon verschwindet die Katze –
– in die Nacht hinein! –

Tausende Wege / Tausend Propheten

– Tausende Wege –
zu sprechen, schweigen, schreiben –
– in diesen Zeiten. –

– Millionen Arten –
die Dinge zu betrachten –
– in diesen Tagen. –

Gab es nicht immer
so viele Perspektiven –
wie es Menschen gibt?

☙

– Einer fürchtet sich,
ein andrer bleibt gelassen.
– Einer weiß noch nicht – – –

– Und wer wüsste schon –
was uns noch erwarten wird,
was als nächstes kommt? –

Tausend Propheten
– vor allem selbsternannte –
in diesen Tagen! –

ᔓ

Sind wir uns einig –
dass wir zu wenig wissen?
Offensichtlich nicht.

Sieh, wir wissen: nichts. –
Wir können gar nicht wissen –
– was uns erwartet! –

– Tausend Propheten! –
Die nächste Prophezeiung
trifft: auf mein Schweigen. –

Kleiner Corona-Zyklus

– Manchmal nicht wissen –
wo einem der Kopf steht –
– vor lauter Worten! –

– Ausnahmezustand! –
Shutdown! Lockdown! Covid! Krieg!
– All diese Worte! –

– Doch manches fällt leicht –
sehr leicht in diesen Tagen. –
– Sich zu besinnen –

– Manche Termine
einfach absagen können,
– in den Wind schreiben –

– Welche sind wichtig?
Welche müssen wirklich sein?
– So viele Fragen – – –

Manchmal nicht wissen –
wo einem der Kopf steht –
– vor lauter Fragen! –

19. März 2020

– Was ist noch sinnvoll? –
Und: Was lassen wir bleiben?
– Antworten suchen –

– Und immer wieder –
tauchen neue Fragen auf –
– aus der Versenkung. –

– Was ist wesentlich? –
Die Vögel singen leise,
lauter rauscht der Wind. –

– Manchmal: Nichts fragen.
Nur den Frühling genießen – –
– und weiter schreiben. –

19. März 2020

Abends: die Sehnsucht / Kleines Zeit-Fenster

– Abends: die Sehnsucht –
nach einem freien Leben –
– unter den Sternen! –

– Abends: die Sterne,
die Sehnsucht nach dem Süden –
– und nach euch allen! –

– Abends: ein Stück All –
in dem die Sterne tanzen –
– im Meer der Wolken! –

– Abends: die Sehnsucht –
nach zirpenden Zikaden,
– nach Lavendel-Licht! –

– Kleines Zeit-Fenster –
in dem die Sterne blühen!
– Ich schließe es – nicht. –

Sterne, weit entfernt

– Sterne: weit entfernt –
von einander – und von mir –
– im Meer des Himmels! –

– Vollmond. Ich schwimme –
im Meer der Sehnsuchtsworte –
– weit entfernt – von dir! –

– Ein bisschen Sehnsucht –
hat noch keinem geschadet –
– auch: keinem Gedicht. –

– Sterne, ich wünschte –
dennoch, wir alle stünden
– heute: dicht an dicht! –

– Sterne, ihr flüstert –
mir Sehnsuchtsworte zu.
– Sehnsucht – nach dem du!

Dort draußen

– Die Luft wird kühler. –
Schärfer wird der Ton, der Blick.
– Rauher weht der Wind! –

– Die Jungen treffen –
sich weiterhin im Park. Auch
– ältere Menschen –

– streben noch hinaus –
ins Grün – der Parkanlagen.
Spürt ihr nicht den Wind –

– der scharf und schärfer
weht – den Wind der Politik –
– und: der Bedrohung? –

– Draußen im Grünen –
versammeln sich Menschen – noch
– im Straßencafé! –

– Die Luft wird kühler.
Die Ausgangssperren drohen.
– Und bald fällt der Schnee! –

20. März 2020

In den Wind geschrieben

– Ein goldenes Licht –
fällt in die Parkanlagen –
– doch rauh weht der Wind!

– Mahnende Worte –
erreichen nicht die – an die
– sie gerichtet sind! –

– Spürt ihr nicht den Schnee –
der bereits in der Luft liegt?
– Spürt ihr nicht den Wind? –

– Mahnende Worte –
sind in den Wind geschrieben!
– Eisig weht der Wind! –

Ein Lagerkoller? / Weite liegt – im Wort!

– Der Rasenmäher –
der Nachbarn macht mich rasend!
– Kein leises Leben. –

– Kein leises Leben –
hier draußen im Garten! Doch –
– ein leichtes Leben? –

– Durchaus: ein leichtes –
und ich beschwere mich – nicht!
– Ich bleibe: zu Haus. –

– Ein Lagerkoller –
droht – und droht mir: doch nicht. Nicht –
– solang' ich schreibe! –

– Alles liegt: an uns! –
Und alles liegt: in uns –
– ja selbst: die Weite! –

– Alles liegt: in uns –
die Weite und die Freiheit –
– Alles bleibt: offen! –

20. März 2020

– Weite liegt: im Wort –
und deshalb schreib ich: weiter –
– schreibe mich – weit – fort!

20. März 2020

Schreib mich gen Süden / Schreibe mich – weiter – !

– Schreib mich gen Süden,
schreib mich in das Land, wo die
– Zitronen blühen! –

– Schreib mich gen Süden,
schreib mich in die Sonne, wo
– der Lavendel blüht! –

Schreib mich: in Farbe –
– in die Orangenhaine,
– ins Lavendel-Blau! –

☙

– Schreibe mich ins Meer,
schreibe mich ins Himmelblau –
– und ins Wolken-Weiß! –

☙

– Schreibe mich weiter,
setze meine Worte fort – – –
– immer – gen Süden! –

– Setze die Worte –
setze meine Worte fort –
– Schreibe dich – weiter!

Temperatursturz

– Heut im Bikini.–
Und morgen soll es schneien.
– Temperatursturz! –

– Von jetzt auf nachher –
fällt das Thermometer – nicht!
– Spürst du die Zeichen? –

– Temperatursturz! –
Und alle Zeichen stehen
– heute schon! – auf Sturm!

20. März 2020

Homeoffice / Im Sturm der Worte

Noch im Schlafanzug –
später dann: im Bikini. –
– Morgen mit Mütze. –

– Immer: im Garten. –
Der Gärtner des Nachbarn grinst –
– und mäht den Rasen. –

– Im Sturm der Worte –
ist es gleich, was ich trage.
– Der Sturm trägt – mein Wort!

21. März 2020

Apokalypse? / Nicht jetzt, nicht hier!

– Noch einmal grillen –
ehe der Schnee wieder fällt –
– in die Blütenpracht! –

– Schneeweiß: die Blüten –
und der Abend geht über –
– in die dunkle Nacht. –

– Apokalypse? –
Nicht jetzt, nicht hier, nicht wenn dort
– draußen alles blüht! –

– Und das Feuer glüht –
und der Rotwein schmeckt köstlich.
– Noch einmal grillen –

– Noch einmal feiern –
an der Schwelle zum Frühling,
– der Schwelle – zur Nacht! –

Die Zeit der Freiheit

I

– Heute früh schneit es. –
Ich trinke meinen Kaffee –
hier draußen – im Schnee. –

– Gestern floss der Wein –
und perlte unser Lachen!
– Nun bin ich allein. –

– Heute: kein Picknick –
und überhaupt kein Ausgang?
– Ausgangsbeschränkung! –

II

– Aber mein Denken –
lass ich mir nicht beschränken!
– Und was denke ich? –

– Ich denke: weiter –
denke mich: weit und weiter –
– in die Zeit hinein. – – –

– Die Zeit der Stille? –
Die Zeit unseres Lachens!
– Die Zeit: der Freiheit! –

Heute / In unserem Viertel

Per Megaphon macht
die Polizei Ansagen:
Ausgangsbeschränkung!

Zu Hause bleiben!
Zuwiderhandlung wird hart
bestraft! – gleich nochmal – – –

– und jetzt: Schon wieder! –
Als würden draußen Menschen
– spazieren gehen! –

– Die Straßen sind leer –
und einer ist durchgeknallt!
– Jetzt reicht es langsam! –

– Superhirn Söder –
Wir haben es verstanden!
– Und: wir sind sprachlos! –

Heute / In unserem Viertel II

– Draußen: Schneeregen –
und kein Moment der Stille.
– Ausgangsbeschränkung! –

– Ja! Für wie beschränkt –
hält uns denn die Polizei? –
– Ich fasse es nicht! –

– Kann die Polizei –
uns nicht in Ruhe lassen?
– Diese Schreihälse! –

– Wann wird dieser Spuk –
denn endlich vorbei sein? Bald
– dreht hier einer durch! –

– Einer ist bereits –
durchgedreht – und durchgeknallt!
– Jetzt rate mal – wer? –

21. März 2020

Nein, dies ist kein Krieg!

– Der Ärger legt sich –
und löst sich auf: im Regen –
– und in den Worten. –

– Ich besorg uns was! –
Gemeint ist etwas Gras. Und:
– ich begrüße das! –

– Ein Augenzwinkern,
ein bisschen laute Musik! –
– Wir sind nicht im Krieg! –

Ein stiller Sonntag?

– Ein stiller Sonntag –
– bis erneut die Polizei – – –
– durchs Viertel – marschiert.

– Was soll ich sagen? –
Wie könnte ich noch schreiben?
– Und vor allem: Was? –

– Wer dachte sich das –
aus? Der Sultan von Bayern?
– Ja? Was für ein Spaß! –

Hubschrauber kreisen

– Hubschrauber kreisen –
über den Dächern, dem Wald
– und über dem Fluss. –

– Und langsam gehen
nein, nein, wir gehen nicht raus! –
– mir die Worte aus! –

– Doch nein, das Schreiben –
lasse ich noch nicht bleiben –
– denn es macht mir Spaß! –

Ein bisschen Freiheit?

Dürfen die Hunde
noch in die Wälder gehen –
in diesen Zeiten?

Dürfen die Menschen –
ihre Hunde begleiten?
Ja. Das ist doch was!

Ein bisschen Freiheit –
für die Hundebesitzer –
im verschneiten Gras!

Kannst du mich hören?

Kannst du mich hören? –
– Ich habe kein Megaphon –
– und doch hörst du mich –

– hörst mich: im Stillen –
denken, schreiben – und winken.
– Ich winke dir zu – ! –

Apokalypse II / Was blüht uns denn noch?

– Apokalypse? –
Nicht jetzt, nicht hier, das wäre
– doch etwas verfrüht!

– Apokalypse? –
Nicht hier, nicht jetzt, nicht, wenn dort –
– draußen alles blüht! –

– Was blüht uns denn noch? –
Auf jeden Fall: der Frühling!
– Freuen wir uns doch! –

Die Reime schleichen –

– Die Reime schleichen –
sich – leis – in die Gedichte.
– Wozu tun sie das? –

– Mehr Schwung! rufen sie –
und: ein bisschen Leichtigkeit –
– und ein bisschen Spaß! –

Kein Kuss. Keine Umarmung. / 2020

– Zufällig im Wald –
auf Freunde treffen. Kein Kuss.
– Keine Umarmung. –

– Sicherheits-Abstand! –
Wir halten – alle – Abstand –
– und freuen uns – doch! –

Hellere Worte

– In mein Notizbuch –
schleichen sich die Worte
– Corona-Krise –

– Sicherheits-Abstand –
Shutdown – Lockdown. – Wie Viren –
– schleichen sie sich ein! –

– Muss das wirklich sein?
Anscheinend! Doch ich halte –
– etwas – dagegen. –

– Hellere Worte –
wie Frühlings-Blüten, Sterne,
– Sehnsucht – und – Mondschein! –

23. März 2020

Zoom / Schreibe mir mein Herz

– Sollte ich schreiben –
über all diese Toten –
– in Italien? –

– Sollte ich schreiben –
über die stillen Städte –
– in unserem Land? –

– Sollte ich schreiben –
über die Schwiegereltern –
– in ihrer Wohnung? –

ꕥ

– Nein, ich möchte nicht –
ich möchte gerade nicht –
– darüber – schreiben! –

– Ich kann nur schreiben –
kann gerade nur schreiben –
– – was ich empfinde! – –

– Fühle mich: verwirrt,
befangen – und verloren –
– in diesem Chaos! –

ಌ

– Und doch schreibe ich –
ich schreibe mir: den Frühling –
– zurück – in mein Herz!

Schreibe mir mein Herz –
– nur für einen Augenblick –
frei – und unbeschwert! –

– Schreibe mir und euch –
ein leises Lied vom Frühling. –
– Schreibe uns – ins Licht! –

23. März 2020

Schreibe mich – weiter / Notwendiges Licht

– Wie entkomme ich – – – ?
Schreib ich mich: weiter, weiter –
– und noch weiter – fort. – – –

– Schreibe mich: weiter –
hinein – ins Licht des Frühlings –
– und ins Morgenlicht! –

– Eskapismus? – Klar! –
Eskapismus: Unbedingt –
– und: unabdingbar! –

– Notwendiges Licht –
dies Licht in meinen Worten! –
– Ich lösche es: nicht! –

– Haltlose Reime –
doch keine dunklen Worte –
– im Licht des Morgens!

23. März 2020

Apfelbaumblüten

– Du blühtest verfrüht –
mein kleiner Apfelbaum. – Du
– bist schon aufgeblüht! –

– Im goldenen Licht –
des Morgens öffnetest du
– die weißen Blüten. –

– Und ich sehe dich,
betrachte deine Blüten –
– im goldenen Licht! –

ᔓ

– Sähe ich dich nicht –
was bliebe dann vom Morgen,
– vom goldenen Licht? –

– Bliebe: die Zeitung –
bliebe: die Nachrichtenflut –
– blieben: die Viren! –

– Doch ich sehe: dich,
betrachte deine Blüten –
– hier im Morgenlicht. –

☙

– Vergiss nicht: das Licht –
das uns sanft umhüllen und
– besänftigen will. –

– Vergiss nicht: den Baum –
wie er nun langsam erblüht –
– besonnen und still. –

– Vergiss nicht: das Wort –
so unscheinbar, doch so klar –
– im goldenen Licht! –

23. März 2020

So viele Fragen / Im Licht des Frühlings

– Weshalb fühle ich –
mich heute so beklommen?
– Ich sitze im Licht –

– der Frühlingssonne –
und stelle mir die Fragen
– die alle stellen – – –

– Wie lange geht das? –
Was kommt dann? Was kommt danach?
– Gibt es ein Danach? –

– Mir ist nicht danach –
mir die Fragen zu stellen –
– doch sie stellen sich! –

23. März 2020

Etwas zu wagen / In diesen Tagen

Lass mich nicht im Stich!
ruf ich meiner Muse zu
– in diesen Tagen! –

– In diesen Tagen –
muss auch, wer zu Hause bleibt
– noch etwas wagen! –

– Ich wage mein Wort –
hinauszuschreiben, wäge
– es ab, werfe es –

– in die Waagschale! –
Wagemutig wage ich mich
– an ein weiteres –

– Wort, ein weiteres –
Gedicht – an meine Muse.
– Lass mich nicht im Stich! –

Gesunder Menschenverstand?

– Friseur-, Kosmetik-,
Tattoo-Studios – wieso
– waren sie offen? –

– Wenn es um Leben –
und Tod geht – wozu dann noch
– zum Friseur gehen –

– und zur Kosmetik?
Vieles bleibt mir schleierhaft!
– Und die Friseure –

– wieso mussten sie –
trotz alledem arbeiten?
– Trotz Lebensgefahr?! –

– Am selben Samstag –
dann die Mannschaftswagen –
– mit Megaphonen –

„Zu Hause bleiben!!!“
Ja – und meine Friseurin?
– Frisiert fremdes Haar! –

– Da greift man sich doch –
an den Kopf! – Haarspalterei?
– – – Offene Fragen! – – –

– Wo bleibt die Logik,
wo die Kohärenz? Wo bleibt
– der Menschenverstand? –

– Gesund war er nie –
der Menschenverstand! Auch nicht –
– in diesen Tagen! –

Irrationale Ängste?

– Irrationale –
Ängste. – Was, wenn mich keiner
– mehr lesen wollte? –

– Was, wenn uns keiner –
mehr anrufen würde? – Was –
– wenn keiner schriebe? –

– Was, wenn diese Zeit –
niemals mehr endet? Was, wenn –
– Ja, was wäre, wenn – ? –

– Was, wenn der Wahnsinn –
kein Ende nimmt? – Was, wenn er
– eben erst beginnt? –

– Seltsamerweise –
sind es nicht diese Viren –
– die mich ängstigen! –

– Es sind die Zeiten –
die die Gesellschaft trennen –
– in Alt versus Jung. –

– Es sind die Zeiten –
die die Gesellschaft spalten –
– in krank und gesund. –

– Es sind die Zeiten –
in denen Grenzen schließen!
– Es sind die Zeiten –

– der Isolation –
die beängstigend sind – und:
– der Vereinzelung!

– Es sind die Zeiten –
in denen die Polizei
– allgegenwärtig –

– und willkürlich scheint.
Es ist die Zeit der Ohnmacht.
– Es ist diese Zeit –

– die an George Orwell
erinnert. – Die Dystopie.
– Nicht: die Pandemie! –

– Irrationale
Ängste? – Jede Zeit endet.
– So auch diese hier! –

Die Gleichzeitigkeit

– Zeiten, in denen
viele Nerven blank liegen.
– Zeiten, die spalten. –

– Düster? Dystopisch? –
Ja, das auch. Und: höchste Zeit –
– zum Innehalten. –

– Schnellere Worte –
um die Zeit zu erhellen –
– und: mehr Langsamkeit.

– Langsam: im Außen –
doch schnell: in den Gedanken –
– die hell-dunkle Zeit! –

24. März 2020

Verlangsamte Zeit

– Wie in Zeit-Lupe –
öffnen sich nun die Blüten
– im Licht des Morgens. –

– Wie im Zeitraffer –
rasen meine Gedanken – – –
– doch ich lenke sie –

– nun: auf die Blüten. –
Verlangsame dich, mein Wort.
– Öffne dich – dem Licht!

Gedanken strömen

– Gedanken strömen – – –
hell-dunkel – durch meinen Geist
– und dann – schwarz auf weiß –

– etwas verlangsamt –
durch diese hell-dunkle Zeit
– auf weißes Papier. –

– Was suchen sie hier?
Sie suchen, streben – ans Licht
– und aus dem Dunkel –

– meines Vergessens –
heraus – entwickeln sie sich –
– zu einem Gedicht! –

24. März 2020

Ins Herz dieser Zeit

– Im Licht des Morgens
nach der kurzen dunklen Nacht
– der Wort-Gewitter –

– ein schwarzer Kaffee –
mit aufgeschäumter Milch – und
– ein hell-dunkles Wort. –

– Im Licht des Morgens
diese helldunklen Worte –
– ins Reine schreiben – – –

– Hellere Worte –
über das Dunkel – ins Herz
– dieser Zeit – setzen! –

– Wollen die Worte –
ins Schwarze treffen? Ja. Und –
– ins Herz – dieser Zeit! –

Langsam erwachen

– Nicht mehr als erstes
zum Briefkasten gehen? Nicht –
– als erstes lesen –

– was in der Zeitung
steht (über diese Viren)? –
– Nicht mehr als erstes –

– Radio hören –
oder ins Netz gehen; sich
– nicht schon frühmorgens –

– anstecken lassen –
von Panik und Hysterie –
– sondern besonnen –

– und vielleicht sogar
dankbar – für das Tageslicht –
– langsam – erwachen! –

24. März 2020

Unter dem Strich

– Oberflächliches –
fällt einfach unter den Tisch –
– in diesen Tagen! –

– Unter den Teppich –
Gekehrtes – tritt: zutage. –
– Was tun wir damit? –

– Was tun wir damit? –
Vielleicht – es übersetzen –
– in Worte, in Licht? –

24. März 2020

– Zwischen den Strichen –

– Wir übersetzen –
Gedanken – ins Wort, ins Licht –
– zwischen den Strichen. –

– Wir setzen über –
zu immer neuen Worten
– und neuen Orten –

– die im Nirgendwo –
die in der Ferne liegen –
– doch auch: im Morgen! –

24. März 2020

Beweglich bleiben!

– Beweglich bleiben! –
Schwimmen – zwischen den Zeilen –
– zur Ufer-Zeile. –

– Über- und über- –
setzen – immer aufs Neue –
– zwischen den Zeilen! –

– Beweglich bleiben! –
Im Geiste wie auch im Wort –
– bewegt sich – das Licht! –

25. März 2020

In meinem Mailfach / Neue Nachrichten / Neue Aufgaben

– In meinem Mail-Fach –
die Nachrichten der Lehrer
– für meine Kinder. –

– Neue Nachrichten! –
Immer neue Aufgaben –
– für jeden von uns! –

– Gelassen bleiben! –
Diese Aufgabe schaffst du!
– Jetzt: etwas schreiben! –

Fix-Punkte

– Der Abendstern steht
wie immer – am Himmel! Und
– der Fluss – fließt weiter – – –

– Ein Fixpunkt: der Fluss? –
Und ein Fixpunkt: das Licht? Ja?
– Einfach aufschreiben! –

– Ein Fixpunkt: der Fluss –
der sich weiterbewegt – und:
– ein Fixpunkt: das Licht! –

Alles bewegt sich –

– Die Sonne geht auf. –
Ein Fixpunkt: das Licht? Denkst du –
– dies sei: kein Fixpunkt? –

– Der Abendstern steht –
am Himmel! – Bewegt er sich
– nicht langsam – weiter? –

– Ein Fixpunkt: der Stern –
der sich weiterbewegt – und:
– ein Fixpunkt: das Licht! –

Ein Fix-Punkt: das Wort?

– Alles bewegt sich! –
Gerade auch die Dinge –
– die uns bewegen! –

– Ein Fixpunkt: das Wort –
gerade dann, wenn es mich –
– und auch dich – bewegt? –

ೞ

– Ein Fixpunkt: das Wort? –
Und wenn es nun stillsteht? Nein –
– dann gerade – nicht! –

– Ein Fixpunkt: das Wort –
wenn es uns noch bewegt? – Du –
– mein Wort – bist mein Licht! –

Und was heißt schon: normal / In diesen Tagen?

– Der Morgenhimmel –
rot wie eh und je! – Was heißt
– hier: wie eh und je? –

– Mal ist er grau – und
dann wieder blau – und manchmal
– auch weiß – wie der Schnee! –

ↄ

– Heut' rötet er sich –
ein normaler Verlauf. Schon
– geht die Sonne auf –

– So nimmt der Morgen –
ja, wie eh und je – seinen
– üblichen – Verlauf? –

ↄ

– Was ist schon die Norm –
Und was heißt schon: normal – jetzt
– in diesen Tagen? –

– Die Norm ist das Licht –
und die Norm ist das Dunkel –
– und oft auch: das Grau! –

ꕤ

– Ein Grauen, die Norm –
oder besänftigt sie uns –
– wie das Morgenlicht? –

– Die Norm ist: Ordnung –
doch manchmal auch: das Chaos!
– Normal ist sie: nicht! –

ꕤ

– Was heißt schon: normal –
und was ist noch die Norm – jetzt –
– in diesen Tagen? –

– Normal: der Alltag? –
Nein. Die Norm besteht heute –
– aus lauter Fragen! – – –

25. März 2020

Stimmungs-Schwankung?

– Meine Stimmung schwankt –
rauf und runter – runter – rauf! –
– Ist das noch normal? –

– Nichts scheint verlässlich –
die Stimmung jedenfalls nicht! –
– in diesen Tagen. –

– Treffen? – Besser nicht! –
Oder doch? Nein – doch nicht! Doch –
– wenn es wichtig ist? –

– Was ist noch wichtig? –
Die Stimmung jedenfalls nicht!
– Oder doch? – Ja doch! –

– Ja, die Stimmung schwankt –
doch die Worte – halten uns –
– noch – über Wasser! – – –

25. März 2020

Im Sturm der Worte

– Manchmal denke ich –
wie gut tut diese Ruhe –
– nach all den Stürmen! –

– Dann wieder: ein Sturm –
und im Ansturm der Worte –
– auch: ein stilles Licht. –

Noch im Schlafanzug

– Noch im Schlafanzug –
im Garten sitzen und mir
– Gedanken machen –

– über das, was jetzt –
wichtig – und hilfreich wäre.
– Und? – Was wäre das? –

– Unverzichtbar sind –
wie könnte es anders sein? –
– Bücher und Musik! –

❧

– Ein Liebesroman! –
Sehr viele Liebeslieder!
– Ein Liebesgedicht –

– und dann: die Worte –
die ich auf dem Herzen und
– der Zunge – trage?–

– Trage ich mein Herz –
in meinen Fingerspitzen –
– und auf der Zunge –

ᔕ

– in diesen Tagen? –
Und: Möchte ich das wirklich?
– All diese Fragen! –

– Noch im Schlafanzug –
über die Liebe schreiben?
– Oder lasse ich –

– es lieber bleiben? –
Mich erstmal anziehen – und
– dann? – Weiterschreiben! –

Verdammt, diese Zeit – !

– Verdammt, diese Zeit –
ist die Zeit der Verwirrung!
– Verdammt, diese Zeit. – – –

– Verdammt, dieses Jahr –
das Jahr der Verworrenheit –
– und der Entsagung! –

– Verdammt, kein Kontakt –
– ist die härteste Strafe
– und die schlimmste Qual –

– für den, der sich sehnt –
nach was auch immer! Verdammt –
– was ist noch schlimmer? –

– Verdammt, dies Gedicht –
ist mir misslungen – und nein:
– **Kein** Liebesgedicht!!! –

25. März 2020

Luxusprobleme / Spürst du die Spannung?

– Luxusprobleme! –
schelte ich mich dann, und hey –
– Stell dich nicht so an! –

– Spürst du die Spannung –
wie sie an den Nerven zerrt?
– Ja? Spürst du sie auch? –

– Mal zerrt, mal verzehrt –
sie, diese Spannung! Und doch –
– wir halten – – – sie aus! –

Lerne, zu reisen –

I

– Ein stiller Morgen. –
Still und frei liegt er vor mir –
– der heutige Tag. –

– Frei liegt er vor mir –
frei wie die Straßen, der Park
– und der Kalender. –

– Frei? – Frei! dieser Tag. –
Frei? Frei – wie die Gedanken. –
– Stopp! Was heißt hier: frei?!

Wir sind befangen –
und vielleicht auch: gefangen –
– doch frei liegt der Tag –

– nun vor uns. Lerne –
wahrhaft frei zu sein! Reise –
– in die Innen-Welt! –

II

– Lerne, zu reisen –
in die Innenwelt! – Reise,
– erkunde – dich selbst! –

– Lerne, zu staunen –
nicht nur über die Leere –
– der Straßen, der Parks –

– Staune – auch über
die Fülle – der Gedanken! –
– Lerne: zu lesen. –

– Lerne: zu lesen –
zwischen den Zeilen – und dann
– lerne: zu schreiben –

– wie du schon immer –
schreiben wolltest! – Wie denn?
– Erkunde – dich selbst! –

26. März 2020

Lerne, zu schreiben / Lerne, frei zu sein!

an mich selbst / und an dich

– Lerne, frei zu sein –
von Pflichten, von Terminen. –
– Lerne, diesen Tag –

– zu nutzen! – Lerne –
das, was dich interessiert –
– und: was dir gefällt! –

– Lerne, zu sehen –
und dann lerne, zu zeichnen.
– Lerne, zu schreiben! –

– Lerne dich kennen –
und dann schreibe darüber!
– Lerne, zu schreiben! –

– Lerne, zu spüren –
was dich wirklich bewegt! Und:
– lerne, still zu sein. –

– Lerne, still zu sein –
und dann lerne, zu sprechen!
– Lerne zu schreiben! –

26. März 2020

– Lerne, zu schreiben,
dich auf den Punkt zu bringen
– punktgenau, präzis. –

– Lerne, zu spüren –
was dich wirklich bewegt.
– Lern, erst zu schweigen! –

– Spüre, wohin dich –
dein Rhythmus nun trägt! Spüre
– den eigenen Takt. – – –

– Im eigenen Takt,
im Herzschlag deiner Stille –
– lerne zu schreiben! –

– Lerne zu schreiben –
über dich selbst – und erst dann:
– über diese Welt! –

– Lerne, zu staunen –
über dich, über die Welt! –
– Dann schreibe – weiter! –

Lerne dich lieben!

– Lerne dich kennen,
lerne: dich zu verstehen.
– Lerne: dich lieben! –

– Lerne dich lieben –
denn erst dann verstehen wir
– und lieben – die Welt! –

26. März 2020

Verstehst du die Welt / In diesen Tagen?

– Verstehst du die Welt –
nicht mehr – in diesen Tagen?
– Stellst du dir Fragen? –

– Gut so! Frage nach! –
Versuche – zu verstehen –
– was die Welt bewegt –

– doch zunächst einmal –
frage, was dich selbst antreibt. –
– Verstehst du: die Welt?! –

– Verstehst du: die Welt?! –
Nein, ich verstehe sie nicht! –
– doch ich verstehe –

– dass sie immer schon –
chaotisch war – nicht erst
– in diesen Tagen! –

Was alles wegfällt / In diesen Tagen

– Oberflächliches –
fällt weg in diesen Tagen,
– blättert einfach ab – – –

– wie der Nagellack! –
Wozu sich noch aufbrezeln?
– Wozu noch glänzen? –

– Wozu noch glänzen?! –
Wozu noch glänzen wollen –
– in diesen Tagen? –

– Die Oberfläche –
muss nicht aufpoliert werden –
– in diesen Tagen. –

– Und das ist gut so! –
Nun stellen wir uns Fragen –
– die tiefer gehen –

– und weiter reichen! –
Weitere Fragen! Fragen,
– sehr viele fragen – – –

– fragen – nach Freiheit!
Freiheit: Was bedeutet sie –
– für dich – und für uns? –

– Freiheit – wo bleibst du? –
Und: Wie können wir frei sein –
– in diesen Tagen? –

– So viele Fragen –
die in die Tiefe führen –
– und: sehr viel weiter –

– als Fragen wie: Was –
ziehe ich heute bloß an?
– Frag weiter! Bleib dran! –

26. März 2020

Einsamkeit I / Ein Nutellabrot / Gegen die Einsamkeit

– In der Zeitung stand
heute diese Meldung, die
– mich immer noch rührt. –

– Da war dieses Kind
ein elfjähriger Junge –
– allein zu Hause –

so einsam, dass er
die Polizei anrief – und
anfing, zu weinen –

– am Telefon. Schnell –
fuhr der Polizist zu ihm
– und schmierte dem Kind –

– ein Nutella-Brot. –
Stimmt diese Meldung? Wer weiß? –
– Doch sie berührt mich!

– Ein einsames Kind –
getröstet, satt und endlich–
– nicht mehr: alleine! –

Einsamkeit II / Viele Geschichten / Ohne Happy-End

– Viele Geschichten
über die Einsamkeit – jetzt –
– in diesen Tagen! –

– Viele Geschichten –
allzu viele Geschichten! –
– ohne Happy End – !

Da lebt dieses Paar,
das 60 Jahre lang nie,
niemals getrennt war.

Nicht ein Tag verging –
an dem sie sich nicht sahen!
– Nun lebt diese Frau –

– im Heim und ihr Mann
darf sie nicht mehr besuchen.
– Grauenhaft – doch wahr! –

Nun bleibt sie allein!
Wie soll sie das verstehen?
Und: Wie könnte sie? –

– Kann sie so leben?
Wird sie alleine sterben?
– So viele Fragen –

– und leider wahre –
Geschichten in dieser Zeit –
– über Einsamkeit! –

Da fragt man sich schon
nach dem Sinn der Geschichte –
die diese Zeit – schreibt!

Hunderttausende –
– solcher wahren Geschichten –
über Einsamkeit! –

26. März 2020

In diesen Tagen

für Cordula

– Viel zu viel rauchen –
in diesen Tagen! Wieso?
– Es geht nicht anders! –

– Andauernd schreiben –
in diesen Zeiten! Wieso?
– Es geht nicht anders! –

– Ließe ich's bleiben –
würde mich diese Zeit in
– den Wahnsinn treiben! –

☙

– Doch auch: viel Lachen –
in diesen Tagen! Was gibt's
– denn hier zu lachen? –

– Lustige Lieder –
und absurde Videos!
– Witzige E-Mails! –

– Das Lied, das du mir –
heute morgen geschickt hast!
– Wir lachen – weiter! –

In diesen Nächten

– Zu wenig schlafen –
in diesen Nächten! Zu lang
– aufbleiben. Schreiben. –

– Mal froh, mal gereizt –
sein – in diesen Zeiten. Nicht
– ausgeglichen sein. –

– Zum Ausgleich: Schreiben. –
Tagein und nachtaus. Mich selbst
– ins Reine – schreiben! –

Ein Riss durch die Zeit

– Ein Riss / durch die Zeit –
trennt / das Gestern / vom Heute
/ und / trennt / die / Menschen /

/ von / ein / an / der! / H A L T
ABSTAND! – sagen die Blicke. –
H A L T – ABSTAND – von – M I R!

– Es ist ein Horror-
Szenario! – Der falsche –
/ und / welch / schräger / Film! /

– Ein Film in Schwarz-Weiß –
– ein Film, der polarisiert –
– ein Film, den ich nie – – –

– NIEMALS – freiwillig –
ansehen würde! – Und du – –
– Sieh mich nicht so an – – –

– als würde ich dir –
zu nahe kommen wollen! –
– möchte ich denen –

– zurufen, die so –
misstrauisch schauen. Nein! Nein!
– Ich huste schon nicht! –

Ich huste schon nicht? –
Oder sollte ich sagen –
Ich huste noch nicht?! –

Denn irgendwann mal
werden wir alle husten!
Ein Sprung in der Zeit – – –

– – – dann husten alle
oder haben gehustet! –
– JA! – Jeder von uns!

Ach, könnten wir doch
alle gemeinsam husten –
– oder gesund sein! –

– Oder – wie früher –
mal krank, mal gesund – ohne
– ein solches Drama! –

26. März 2020

Ohne Misstrauen,
ohne gereizte Stimmung,
ohne Handschuhe,

ohne diesen Blick
im Gesicht jenes Nachbarn
der sagt: H A L T – ABSTAND –

– und der seine Hand –
seine behandschuhte Hand –
– nicht – nach uns ausstreckt!

27. März 2020

Wie und mit wem / Bleiben wir – in Verbindung?

– Wir verbinden uns –
mit – unseren – Geräten –
– und wollten doch nur – – –

– Wir verbinden uns –
mit all diesen Geräten –
– und müssten doch nur – – –

– über die Straße –
gehen – oder in den Wald –
– um uns zu sehen! –

☙

– Ein mutiger Schritt –
heutzutage – nach draußen
– zu gehen? Sicher? –

– Heute verbinden –
wir uns – mit den Geräten!
– Sicher ist sicher! –

– Was heißt hier: sicher?
War das Leben nicht immer –
– lebens-gefährlich? –

❧

– Am Handy hängen,
ins Netz verwickelt werden –
– tagein und tagaus –

– um in Verbindung –
zu bleiben – keine Blumen
– mehr bringen können –

– und keinen Kuchen? –
Hier – im Netz – gefangen sein,
– uns nicht besuchen. –

❧

– Wähl meine Nummer –
dann können wir besprechen –
– wie wir verfahren – – –

– Und nein, wir fahren –
nirgendwohin! Wir gehen –
– und hängen uns: ins Netz –

– ins weltweite Netz –
und bleiben: in Verbindung – – –
– mit den Geräten …! –

27. März 2020

Eine Weile lang / Langeweile?

– Langweilig wird es –
uns nicht in diesen Tagen –
– noch in den Nächten –

– Musik hören und –
just dance – bis nach Mitternacht
– aufbleiben, tanzen –

– tagsüber, immer –
auch: in Verbindung bleiben –
– und: etwas schreiben!

ꟹ

– Langweilig wird es –
mir nicht – in diesen Zeiten!
– In Ruhe schreiben –

– und ja, auch fröhlich
und gelassen bleiben, ja –
– auch: ausgelassen –

– sein. Langweilig? Nein.
Heute will ich schreiben –
– über? – nein: gegen –

– die Langeweile –
gegen meine und deine –
– und wiederholen –

– ich hoffe, es wird –
nicht langweilig? – Langweilig
– wird es – eben nicht! –

27. März 2020

Die Sonnen-Seiten

– Keine Dystopie –
beschreiben. Keinen Mundschutz.
– Keine Handschuhe! –

– Kein gruseliges
Bild, keine dunklen Schatten
– vor Augen haben. –

– Die Sonnenseiten –
dieser Zeit beschreiben –
– draußen im Garten. –

– Keine Scheuklappen –
doch auch: die Sonnenseiten
– vor Augen haben! –

– Gut gelaunt schreiben –
über die Schattenseiten – hinweg! –
– hier – in der Sonne! –

Die Sonnen-Seiten II

Die Sonnenseiten?
Ruhe, viel Zeit und das Licht –
dieser März-Tage!

Hier draußen – im Licht
des Frühlings schreiben. Den Lärm
des Rasenmähers –

– und der Baustelle
ausblenden? Alle Schatten
einfach ausblenden?

Keine Handschuhe,
keinen Mundschutz – vor Augen
haben? Nein. Jetzt nicht!

Nicht nur die Schatten-
– nein auch: die Sonnenseiten
wollen heut': ans Licht!

27. März 2020

Hier draußen im Wind

– Mich auseinander-
und dann: zusammensetzen
– in diesen Zeiten –

– mir dir? Nein. Mit mir –
und dann: mit diesen Zeiten –
– die so seltsam sind! –

☙

– Mich mit den Worten –
auseinandersetzen und
– hoffentlich schon bald –

– mit euch zusammen-
sitzen können – und lachen –
– hier draußen – im Wind! –

27. März 2020

Nur so / Zum Vergnügen? / Worte genügen –

– Worte genügen –
mir nicht – in diesen Zeiten –
– will ich euch sehen –

– will ich euch spüren –
und nein, Worte genügen –
– mir: ganz und gar nicht! –

– Und doch müssen sie –
die Worte – uns genügen! –
– Und Worte stehen –

– doch zur Genüge –
zu unserem Vergnügen –
– uns: zur Verfügung! –

– Eine Weile lang
genügen mir die Worte – – –
– wirklich? Wirklich – nicht!

Immer schon: sehr nah –

– Immer schon: sehr nah –
am Abgrund gebaut: das Wort –
– und stets weit entfernt – – –

– von Sicherheiten! –
Bleibt es (be)stehen, dann ste(h)t's –
– sehr nah – am Abgrund! –

27. März 2020

Komplexere Fragen

Die Dinge sollten
so – und nicht anders! – laufen!
Die Menschen sollten –

dies und ja nicht das –
tun oder lassen! Dinge
und Menschen sollten –

– sich doch an die Pläne
halten! – Oder etwa nicht?!
Ich sag euch mal was:

Besserwisserei
kann ich kaum noch ertragen –
in diesen Tagen!

Sehr viele wissen
– oder glauben zu wissen –
was nun zu tun ist –

– oder: zu lassen. –
Zuhause bleiben? Ja klar –
doch meine Worte –

wollen und müssen
immer wieder mal: hinaus!
Jetzt? Ja. Jetzt erst recht.

Auch und gerade
in diesen so seltsamen –
Wochen und Tagen –

stellen sich viele,
viel komplexere Fragen –
als jemals zuvor!

Greifen wir sie auf –
– die Worte wie die Fragen –
und denken: weiter – – –

27. März 2020

Den Ball flach halten / Nur ein paar Ratschläge

an mich und an dich

– Den Ball flach halten –
und flacher noch die Kurve
– der Infektionen. –

– Langsam ankommen –
und sich langsam gewöhnen –
– ans zu Hause sein. –

– Manchmal ganz froh sein –
über diese ruhige Zeit.
– Nicht ins Netz gehen. –

– Nicht ins Netz gehen? –
Doch – doch nicht mehr ganz so oft.
– Den Ball flach halten. –

ర

– Sich nicht aufregen. –
Sich nicht dauernd aufregen.
– Keine Geschichten –

– mehr hören wollen –
über Fledermaus-Suppe –
– und Schuppentiere. –

– Nicht die ganze Schuld –
auf die Chinesen schieben. –
– Den Ball flach halten! –

– Mal überlegen –
was die freie Zeit uns bringt.
– Nochmal nachdenken. –

ꕤ

– Mal überlegen –
was man alles lernen kann –
– in diesen Tagen?

– Mal aussortieren.
Kleider, Schuhe, Bücher und
– unnötigen Kram –

– beiseite räumen. –
Manches verschenken? Manches
– wieder zu schätzen –

– wissen und lernen. –
Innere Schätze heben.
– Worte verschenken? –

ᔓ

– Den Ball flach halten –
und flacher noch die Kurve –
– der Emotionen? –

– Die Welle surfen –
und in den Gefühls-Wellen
– Wasserball spielen! –

– Endlich aufatmen –
wenn die Kurve flacher wird.
– Den Ball flach halten. –

– Die Wogen glätten. –
Die Erde dreht sich weiter. –
– Drehen wir uns mit! –

Wohin gehen wir / In diesen Tagen

für T.

Du –

gehst mir – auf den Keks!
Doch wir können uns hier kaum
– aus dem Weg gehen! –

Ich –

– geh dir – auf den Keks!
Doch wie könnten wir uns jetzt –
– aus dem Weg gehen? –

Du und ich

– Und was tun wir nun? –
Du gehst zum Bioladen.
– Ich bleibe allein! –

– Schreibe ich nieder –
was mich alles nervt und stört?
– Nein. – Ich gehe – – –

– Ich gehe – – – in mich.
Was kann ich anderes tun?
– Was machen wir nun – ?!

Wollen wir uns nicht – ?

– Wollen wir uns nicht –
einfach wieder versöhnen –
– wenn du zurück bist? –

27. März 2020

Mein letzter Ratschlag / für heute Nacht

an mich selbst / und für dich

– Nein, ich will nicht mehr –
eingesperrt sein! – Wie lange –
– wird das noch dauern …?! –

– Iss Schokolade –
und trink ein großes Glas Wein!
– Geh schlafen! Schlaf ein! –

Jedes Wort: riskant?

– Jedes Wort: riskant? –
Jedes Wort ist jetzt riskant!
– Jetzt – und: schon immer! –

– Doch sieh: In diesen –
Zeiten – sind Worte alles –
– was uns übrig bleibt! –

– Jedes Wort: riskant? –
Du kannst mich missverstehen,
– ich dich – und wir uns! –

– Immer schon: riskant! –
Immer schon: ein Risiko –
– jedes – jedes! – Wort! –

– Siehst du nicht, was ich –
hier jeden Tag riskiere –
– mit meinen Worten?! –

– Nein, nicht die Viren –
sind das, was wir riskieren!
– Es sind: die Worte! –

Wenn ich nun schriebe –

– Wenn ich nun schriebe –
Mein Herz, ich möchte frei sein –
– Wenn ich nun schriebe –

– Mein Herz, wir müssen –
frei sein! – Wäre das dann nicht
– viel, viel zu riskant? –

– Doch siehst du, mein Herz –
Wir wollen und wir müssen
– irgendwann – frei sein! –

– Und siehst du: mein Herz? –
Sieh: mein Herz war immer –
– ja, immer schon – frei! –

– Und siehst du nicht, was –
ich hier alles riskiere –
– mit meinen Worten?! –

– Wir müssen frei sein! –
Mein Herz, wir müssen frei sein –
– wie niemals zuvor! –

– Der Tag wird kommen –
an dem wir endlich frei sind –
– wie niemals zuvor! –

– Gefühl und Verstand –
werden einst im Einklang sein.
– Und dies ist: Freiheit! –

28. März 2020

Wirklich? – Vielleicht!

Nur ein Versuch

Ein Sehnsuchtsland wird
zum Horror-Szenario –
– und auch unser Land –

– ist ganz und gar nicht –
wie und was es einmal war! –
– Und dann: die Freiheit –

– von der wir keine –
Ahnung haben – wann wir sie
– wiedererlangen! –

– All diese Länder –
ja, die ganze Welt – steht still,
– steht Kopf; kopfüber –

– stürzen wir uns hinein
in Thesen, Vermutungen –
– doch sind wir ehrlich –

– geben wir es zu –
wir wissen und verstehen –
– noch viel zu wenig! –

– Mach keine Pläne –
für die Zeit danach. Versuch –
– Versuche – Versuch –

– in diesen Zeiten –
in denen alles Kopf steht –
– einen klaren Kopf –

– zu behalten! Schreib! –
Schreibe! Schreib auf, was dich
– nun alles umtreibt! –

– Solange du schreibst –
behältst du einen klaren –
Kopf! – Wirklich? – Vielleicht!

28. März 2020

Mach kein Drama draus!

Ein Selbstgespräch

– Mach kein Drama draus. –
Nein! Schreibe kein Drama. Schreib
– ein Prosa-Gedicht. –

– Schmücke es nicht aus –
und staffiere es nicht aus.
– Keine Folklore! –

– Schreibe schnörkellos. –
Schreibe: nüchtern, klar und bloß –
– doch nicht zu schüchtern! –

– Schreib: klar und deutlich. –
Schreibe kurz, prägnant, präzis.
– Bring dich auf den Punkt! –

– Schreibe, was du denkst.
Schreib auch, was du empfindest –
– doch bleibe: nüchtern! –

– Keine Herzen mehr? –
Willst du von Herzen schreiben?
– Schreib doch – was du willst!!! –

29. März 2020

Jede Begegnung / Jedes Gespräch –

– Jede Begegnung –
wird zur Besonderheit!
– Ein jedes Gespräch –

– aus der Entfernung –
zu einem Highlight! Zur Zeit
– treffen wir Menschen –

– ja, auch das kommt vor! –
schließlich gehen wir in den Wald –
– und auch: an den Fluss –

– und was für ein Glück –
euch zu sehen, zu sprechen –
– ja, was für ein Glück –

– dass es noch Menschen
gibt, die man *sehen* kann! Und
– nein, ich bringe euch –

– weder Kuchen noch –
Blumen – noch den Tod – ins Haus!
– Ich geh' in den Wald –

– und vielleicht seid ihr –
da – vielleicht auch nicht – doch falls
– ja – dann freu ich mich! –

Surreal, die Zeit –

– Surreal, die Zeit –
die Zeit: unter dem Brennglas –
– unter der Lupe – – –

– sehr stark vergrößert –
und stark verlangsamt, gebremst –
– und doch – wie sie rast – – –!

29. März 2020

Und wie wir lachten –

für J. und L.

I

– Und wie wir lachten –
wie wir gestern noch lachten –
– als ich mit dem Stuhl –

– draußen im Garten –
an unserem Lagerfeuer – –
– nach hinten kippte – – –

– und den Tisch mitriss – – –
und – zack – im Gras lag – mitsamt –
– den Tellern, dem Glas! –

II

– Die Schrecksekunde –
und dann: unser Gelächter –
– über den Slapstick – !

– Wie du mich filmtest –
wie ich lachend im Gras lag –
– und um mich herum –

– die Scherben, der Rest –
unseres Essens – das Fleisch –
– im See – aus Rotwein! –

III

– Und wie wir lachten –
Stunden später noch lachten –
– – über die völlig – –

– – absurde Szene – –
und wie ich jetzt immer noch
– leise lachen muss –

– während ihr noch schlaft –
und ich hier draußen schreibe –
– über den Abend –

– und über den Schreck –
hinweg: das Leben kann so –
– schön und lustig sein! –

– Gerade zur Zeit –
gibt es nichts Heilsameres –
– als die Heiterkeit! –

Im Laufe der Zeit / Im Laufe der Nacht

I

– Und dann: der Regen,
die tiefe, mondlose Nacht
– und meine Trauer –

– um das, was einst war –
und nicht wiederkehren wird –
– im Laufe der Zeit. –

– Stille Gedanken. – – –
Sehnsüchtige Nachtworte.
– Nur Regen. Kein Mond. –

II

– Und dann: im Stillen –
der Nacht die leisen Worte,
– die zurückkehren. –

– Alles kehrt zurück –
der Wind, die Worte, der Mond,
– das Licht der Sonne –

– wie auch: die Hoffnung –
auf weitere, weisere –
– leisere – Worte. –

Anders zu sehen / Anders zu schreiben

– Anders zu sehen –
anders zu schreiben lernen –
– in diesen Zeiten. –

– Genau hinsehen. –
Noch genauer hinsehen!
– Unter die Lupe –

– nehmen, was es noch
zu lachen gibt – in diesen –
– seltsamen Zeiten! –

Schwungvoller schreiben!
Etwas schreiben, das uns nun
– aufheitern – könnte? –

– Heiterer schreiben?
Ja, noch heiterer schreiben –
– in diesen Zeiten! –

– Dann auch wieder ernst –
werden, schreiben – und bleiben?
– Ernst bleiben? – Oh nein! –

30. März 2020

– Das Heitere bleibt – – –
gerade in dieser Zeit – – –
– nicht – auf der Strecke! –

Weich werden dürfen / In diesen Zeiten

I

– Weich werden dürfen,
lachen und weinen dürfen –
– in diesen Zeiten! –

– Wir selbst sein dürfen –
mit all unsren Gefühlen. –
– Lachen und weinen! –

– Manchmal auch lachen –
bis uns die Tränen kommen!
– – – Alle Gefühle – – –

– zulassen, spüren –
doch: nicht überbewerten!
– All diese Wellen –

– – – kommen und gehen – – –
auf und ab – und manchmal auch:
– drunter und drüber –!

II

– Manchmal verblüfft sein –
nicht nur über diese Welt,
– auch: über uns selbst! –

– und über das, was –
da alles in uns schlummert –
– und geschlummert hat –

– und nun – Knall auf Fall! –
zum Leben erwacht! Erstaunt
– bemerken wir nun – – –

– was alles in uns –
schlummerte und schlief und: steckt!
– Wir laufen nicht weg – – –

– können ja zur Zeit –
nicht wirklich weit weglaufen –
– oder wegfahren. – –

III

– Und wir erfahren –
mal mit Schrecken, mal erfreut –
– wie die Gefühle – – –

– ausbrechen wollen! –
Und ja, sie brechen aus –
– brechen, was hart war –

– alles Erstarrte –
und Festgefahrene wird –
– nun: aufgebrochen – –

– und hey, wisst ihr was?
Ich begrüße das! – Erstaunt –
– und auch: neugierig –

– mit Wissbegierde –
und auch: mit Verblüffung –
– stellen wir nun fest –

– dass nichts festgefügt –
war – oder ist – noch jemals –
sein wird! – Auch nicht: wir!

Tausend Gefühle / Auch: in der Stille

– Tausend Gefühle –
wechseln nun – einander ab –
– in mir wie in dir. –

– Wie hohe Wellen –
umspülen sie uns – heben
– uns in die Höhe – – –

– und reißen uns dann –
wieder abwärts – tiefer –
– und wieder – hinauf! –

– Und was fällt uns auf –
wenn wir uns beobachten –
– – – in aller Stille? – – –

– Dass selbst die Stille
niemals wirklich still sein kann –
– – – denn in der Stille – – –

– der tiefsten Stille –
schlummerten die Gefühle –
– die nun erwachen! –

30. März 2020

Nicht nur: Gefühle

I

– Nicht nur Gefühle,
nein auch: manche Erkenntnis
– wird nun zur Kenntnis –

– genommen, gebracht.
Was lernen wir nun – über
– uns, über die Welt? –

– Dass die Gefühle –
ein Stoff sind, der uns weich macht –
– doch: zusammenhält! –

II

– Werden wir weicher,
verhärten wir uns nicht – dann
– spüren wir vielleicht –

– was uns alle aus-
und auch glücklich machen kann:
– Unsere Gefühle –

– mit der Erkenntnis –
in Einklang gebracht – sind das,
– was uns nun ausmacht. –

III

– Welche Erkenntnis?
Dass wir einander brauchen –
– mehr, als wir ahnten! –

30. März 2020

Und ich brauche: dich

– Und ich brauche: dich –
nicht nur als Leser, sondern
– auch: als Seismograph! –

– Denn Seismographen –
sind wir doch alle – auch du! –
– – für unsere Welt! – –

Kleiner Exkurs / Siehst du: die Schweden?

– Sieh mal: die Schweden! –
Wie bekommen die das hin?
– Denk darüber nach – – –

– Sieh ganz genau hin –
und beobachte – genau –
– wie es weitergeht! –

– Was hieße es denn –
wenn sich die Viren dort kaum
– weiterverbreiten? –

– Sieh ganz genau hin! –
Mach dir dann selbst einen Reim
– auf die Geschichte! –

– Bist du nun empört –
über diese Gedichte?
– Ich schreibe ja nur – – –

– Denk nach! Vergleiche. –
Sieh genau hin. – Verfolge
– diese Geschichte! –

Was werden wir tun?

I

– Was werden wir tun –
wenn dieser seltsame Spuk –
– endlich vorbei ist? –

Fragst du dich schon, was
du alles anfangen wirst –
– mit deiner Freiheit? –

– Werden wir feiern –
werden wir tanzen, trinken –
– lachen und lieben? –

– Werden wir schätzen –
was früher selbstverständlich
– für uns alle war? –

II

– Wie gehen wir um –
mit all unserer Freiheit –
– wenn wir befreit sind –

– von diesem Albtraum? –
Werden wir wach sein? Und: wie
– wach werden wir sein? –

– Wie werden wir uns –
an diese Zeit erinnern? –
– Und: für wie lange? –

– Und wie lange noch –
wird diese Zeit andauern –
– die uns so beschränkt? –

III

– Und alles, was wir –
nun lernen und erfahren –
– werden wir all dies –

– diese Erfahrung –
bewahren? Werden wir noch
– immer viel spielen –

– mit unseren Kindern? –
Und werden wir dankbar sein
– für die Erfahrung –

– der Erweiterung –
unseres Bewusstseins – wenn
– wir wieder frei sind? –

IV

– Und erinnern wir –
uns später vielleicht gerne –
– an diese Zeiten –

– in denen Freiheit –
nicht selbstverständlich war – doch:
– umso kostbarer? –

– Wie erinnern wir –
uns später an diese Zeit,
– an diese Tage –

– die doch – trotz allem! –
ein blühendes Lernfeld für
– uns alle waren? –

V

– Werden wir schätzen –
was wir nun so vermissen?
– – Unsere Freiheit? – –

– Und was fangen wir –
dann – mit all der Freiheit – an?
– Werden wir lieben – – –

– Werden wir lieben –
tanzen, singen und lachen?
– Und: wieso erst dann? –

– Wieso nicht schon jetzt –
ja, jetzt! – damit beginnen?
– Fangen wir – jetzt – an – ? –

30. März 2020

Ein kleiner Crash-Test

– Ein kleiner Crash-Test –
für unsere Beziehung:
– das Eingesperrt-Sein! –

– Wieviel geht kaputt –
und wieviel bleibt bestehen?
– Wir werden sehen! –

30. März 2020

Lebt die Liebe nicht / Immer auch: von der Sehnsucht?

– Lebt die Liebe nicht –
immer auch: von der Sehnsucht –
– nach dem Anderen? –

– Und wie sollten wir –
uns nacheinander sehnen –
– wenn wir stets hier sind? –

– Du gehst spazieren –
und ein bisschen sehne ich –
– mich – jetzt doch! – nach dir!

Auf 180! / Noch vor dem ersten Kaffee

I

– – – **auf 180!** – – –
Noch vor dem ersten Kaffee –
– wirst du schon so **laut** – – –

– – – Warum? Die Zeitung – – –
regt dich heute auf! Und dann –
– – – all diese Zahlen – – –

– Und ja! Weißt du was? –
Die Zeitung und die Zahlen –
– regen auch mich auf! –

– Doch wenn du morgens –
noch vor dem ersten Kaffee –
– schon so herumschreist –

– wie könnte ich dann –
in Ruhe denken, lesen –
– und weiterschreiben?! –

– Und weißt du noch was? –
Deine Lautstärke bringt mich
– – – **auf 180!** – – –

II

– Ich gehe hinaus –
und schreibe hier – im Garten.
– Du gehst in den Wald. –

– Und so gehen wir –
uns nicht mehr auf die Nerven –
– und weder Zeitung –

– noch all die Zahlen –
(Johns-Hopkins & Robert Koch)
– erreichen uns – hier! –

III

– Vergiss: die Zahlen! –
Sie ändern sich doch ständig! –
– Verfolge sie – nicht! –

– Verfolge: das Licht –
wie es wandert – um das Haus,
– den Garten – herum. –

– Und noch sitze ich –
im Schatten – vor dem Haus –
– doch gleich fließt das Licht –

– – – über die Dächer – – –
– der Nachbarhäuser – herum –
– und wärmt: mein Gesicht! –

Ich huste dir was! / Huste ich dir was?

– – Ich huste dir was! – –
Ja, diese schräge Wendung –
– kommt mir in den Sinn –

– und ich glaub, ich spinn! –
Spinnen wir langsam alle? – –
– Drehen wir jetzt durch?! –

– Nein, ich huste: nicht. –
Ich sitze im milden Licht –
– des Frühlings, gesund –

– und sehe: die Welt –
ist immer noch: bunt! Bunt: all
– die Blüten: im Licht! –

Nein, dies ist kein Traum!

– Rosa: die Blüten –
im Garten der Nachbarn. Weiß –
– die Apfelblüten –

– von zarten grünen –
Blättern gesäumt. Und haben
– wir nicht im Winter –

– bereits vom Frühling –
geträumt? Und sieh: Hier ist er
– nun: dieser Frühling – – –

– und hier blüht der Baum! –
Und dies ist die Wirklichkeit.
– Nein, dies ist: kein Traum! –

Achtsamkeit

– Nur das beschreiben –
was ich gerade sehe. –
– Sterne, vereinzelt –

– im tiefen Samtblau –
der Nacht, des Morgenhimmels –
– der sich nun erhellt. –

– Nur das beschreiben –
was ich gerade höre. –
– Vögel, vereinzelt –

– die doch gemeinsam
singen! Gemeinsam? Nein – doch
– sie antworten sich! –

ళ

– Dann das beschreiben –
was ich empfinde. Hoffnung –
– auf eine Antwort? –

ళ

– Was ich empfinde –
wenn ich die Sterne sehe,
– den Vögeln lausche –

– wie könnte man es
nennen? Inneren Frieden?
– Oder: Einsamkeit? –

ꟹ

– Was ich empfinde –
wenn ich all dies wahrnehme?
– Einssein – mit der Welt! –

Was ich spüre, geht –

– Was ich empfinde –
wenn ich dem nächtlichen Lied
– der Sterne lausche –

– oder den Liedern –
der Vögel – früh am Morgen?
– Einssein – mit dem All? –

– Was ich empfinde –
ist das Schweigen der Fragen –
– in diesem Moment! –

☙

– Was ich erlebe –
ist: ein stiller Augenblick –
– der Versunkenheit. –

– Und dann: das Gefühl –
dass die Sterne, die Vögel –
– die Nacht, der Morgen –

– mein Zuhause sind –
in das ich zurückkehre –
– Nacht für Nacht für Nacht –

– Morgen für Morgen, –
Lied für Lied – gerade jetzt –
– in diesem Moment! –

℘

– Was ich sehe, geht –
über die Vereinzelung –
– der Sterne – hinaus – – –

– Was ich höre, geht
über die Vereinzelung –
– der Vögel – hinaus – – –

– Was ich spüre, geht –
über all meine Fragen –
– weit, weit, weit – hinaus!

℘

– Was ich spüre, geht –
verloren – und kehrt zurück –
– Nacht für Nacht für Nacht –

– Morgen für Morgen,
Ton um Ton: in jedem Lied
– des Universums! –

1. April 2020

Im Lied meiner selbst

– Was ich spüre, ist –
dass ich mit einstimmen muss –
– Ton für Ton für Ton –

– in all die Lieder –
der Sterne wie der Vögel –
– die ich vernehme –

– im Schweigen der Nacht,
im leisen Lied des Morgens,
– im Lied meiner selbst. –

Kein Lied meiner selbst

– Was ich nun schreibe –
will kein Lied meiner selbst sein.
– Was ich nun schreibe –

– will ein stilles Lied –
der Verbundenheit mit euch –
– mit euch allen – sein.

– Mit euch, den Sternen –
die ihr vereinzelt leuchtet –
– und doch: gemeinsam! –

– Mit euch, den Vögeln –
deren Stimmen ich kaum noch
– unterscheiden kann! –

– Mit euch, den Menschen –
die ihr vereinzelt schweigen –
– doch auch: singen könnt! –

– Mit euch, die ihr doch –
in all eurer Einsamkeit –
– auch verbunden seid! –

Das Lied der Sterne

– Singt mir euer Lied! –
rief ich all den Sternen zu –
– doch sie sangen: nicht. –

– Schweigt mir euer Lied! –
rief ich all den Vögeln zu.
– Doch sie schwiegen: nicht! –

– Wollt ihr nicht singen –
oder könnt ihr nicht singen?
– Könnt ihr nicht schweigen?

– Wisst ihr, ich stellte –
den Sternen wie den Vögeln –
– die falschen Fragen! –

Hörst du uns schweigen?
riefen mir die Sterne zu.
– Dies ist unser Lied! –

– Dann erst verstand ich. –
Und nun vernahm ich endlich –
– das Lied der Sterne! –

Endlos: dieses Lied

– Endlos: dieses Lied –
der vereinzelten und doch
– singenden Sterne! –

– Ton um Ton um Ton –
vereinzelt? Nein: verbunden – zu
– einer Melodie. –

– Hier in der Stille –
schweigen all die Antworten
– auf meine Fragen. –

– Hier in der Stille –
wiegen sich die Fragen selbst
– im Lied der Sterne. –

Möchte ich Zahlen –

– Möchte ich Zahlen –
erfahren – frage ich dann
– dich, meine Liebe? –

– Möchte ich Zahlen –
erfahren, dann frage ich
– meine Liebe – nicht! –

– Möchte ich Sterne –
betrachten, zähle ich dann
– all diese Sterne? –

– Möchte ich Sterne –
betrachten – dann zähle ich
– diese Sterne: nicht! –

– Möchte ich Lieder –
komponieren, zähle ich
– dann – all die Noten? –

– Möchte ich Lieder –
schreiben und singen, zähle
– ich die Noten nicht! –

1. April 2020

– Siehst du, mein Lieber –
Ich pfeife auf die Zahlen!
– Ich zähle: auf dich! –

1. April 2020

Den Geist frei schreiben

– Schreibe meinen Geist –
ins helle Blau des Himmels –
– am frühen Morgen! –

– Schreibe die Liebe –
ins Samtschwarz der Nacht, ins Blau
– des Morgenhimmels! –

– Schreibe nun mein Herz
aus der Nacht heraus ins Licht
– – – all deiner Tage! – – –

1. April 2020

Wenn es Liebe ist

– Wenn es Liebe ist –
dann muss ich dir nicht schreiben
– was ich empfinde! –

– Wenn es Liebe ist –
dann musst du mir nicht schreiben
– was du empfindest! –

– Schreib deine Worte –
in den Himmel, in den Wind –
– ins Blau des Morgens! –

2. April 2020

Bestandsaufnahme / Diese Corinna

I

– Ein enger Rahmen –
gibt das Gesprächsthema vor:
– – – diese Corinna! – – –

– Habt ihr schon gehört –
wie weit sich die Corinna – – –
– aus dem Fenster lehnt?! –

– Habt ihr gesehen –
wie ihre Kinder spielen –
– draußen – im Garten?! –

– Ungeheuerlich! –
Die trauen sich was, die Kinder –
– dieser Corinna! –

– Findet ihr das gut? –
Sollte man nicht langsam –
– zum Hörer greifen – – –

– und die Polizei –
einschalten?! Und: noch schlimmer:
– diese Corinna –

– sagte gestern noch –
habt ihr das nicht gehört?! –
– einige Worte – – –

– – – über die Viren – – –
die nicht ernst genug klangen!
– Die nimmt das nicht ernst?! –

– Ungeheuerlich! –
Diese Corinna gehört
– wirklich eingesperrt! –

II

– Kapiert die denn nicht –
wie schrecklich das alles ist?!
– Kapiert die das nicht?! –

– Und dann: die Kinder –
wie sie lachten und spielten –
– in ihrem Garten! –

Nun reicht es aber!
Wir rufen die Polizei …!!
Denn Recht und Ordnung – – –

– müssen nun endlich –
wiederhergestellt werden!
– Und hier in Bayern –

– läuft die Sache doch –
eigentlich ganz gut! – Findet
– ihr das nicht auch?! –

III

– Oh doch, das müsst ihr –
genauso empfinden – sonst –
– ergeht es euch bald –

– wie der Corinna! –
Und dann geschieht es euch recht –
– wenn ihr euch schon bald –

– zu Tode hustet! –
Sind wir uns einig? Klar doch!
– Diese Corinna –

– gehört eingesperrt! –
Und ihre Kinder? Na klar!
– Ihre Kinder auch! –

IV

– Versteht ihr denn nicht –
wie schrecklich das alles ist?!
– Versteht ihr das nicht?! –

V

– Corinna-Koller!! –
Ein kollektiver Wahnsinn –
– erfasst diese Welt –

– und verbreitet sich –
schneller als ein Lauffeuer – –
– zwischen den Menschen! – –

– Ein Virus der Angst –
der euch erfasst, der euch lähmt –
– der euren Verstand –

– und eure Herzen –
erfasst, erreicht, zum Stillstand –
– bringt – schnell, schneller, und – –

– schneller – als ihr denkt! –
Schneller als ihr denkt – hat euch
– das Virus erfasst –

VI

– das Virus der Angst! –
Und wisst ihr nicht, dass die Angst –
– ein schlimmer Virus –

– und der schlechteste –
aller Ratgeber ist? – Wenn
– die Angst euch beherrscht –

– wenn sie euch beherrscht –
dann lasst ihr euch beherrschen –
– von wem auch immer! –

VII

– Und wenn sie euch lähmt –
dann lähmt sie auch euer Herz –
– und euren Verstand! –

VIII

– Und die Corinna? –
Wie verfahren wir denn jetzt –
– mit der Corinna? –

IX

– Lasst sie in Ruhe!
Lasst ihre Kinder spielen!
– Lehnt euch nicht zu weit –

– aus euren Fenstern! –
Sperrt euren Verstand nicht ein –
– in diesen Rahmen –

– der euch vorgibt, was –
ihr noch denken und sagen –
– oder schreiben dürft! –

Ein enger Rahmen / Um Leben und Tod

I

– Ein enger Rahmen –
gibt uns heute allen vor –
– was wir noch denken –

– sagen und schreiben –
können und dürfen! Zu eng –
– – dieser Rahmen – –

den man vielleicht schon
als kollektiven Wahnsinn
– bezeichnen könnte! –

II

– Zu eng, der Rahmen –
den ich Meinungsdiktatur
nennen – möchte? – muss!

– Zu eng, der Rahmen –
der uns heute mundtot macht –
– mit nur einem Satz! –

– Wie lautet der Satz? –
Es geht um Leben und Tod!
– So lautet der Satz! –

III

– So lautet der Satz –
der uns mundtot machen will.
– Und – gelingt ihm das? –

2. April 2020

Gespaltene Welt / Gespaltenes Bewusstsein

– Ein Teil dieser Welt
steht still. – Ein anderer rast –
– rast – immer schneller – – –

– schnell wie die Viren –
weiter und weiter! – Immer
– – – neue news rasen – – –

– verbreiten sich schnell –
virus-schnell – auch über das Netz –
– – – bis in alle Welt! – – –

∽

– Wenn wir ehrlich sind –
ist auch unser Bewusstsein –
– derzeit – gespalten. –

– Angst haben und doch –
zur Arbeit gehen? – Keine
– Angst haben – und doch –

– – keine Angst haben – –
und dann doch Angst bekommen –
– und dann wieder nicht. –

ᔓ

– Manches macht mir Angst
doch mehr noch als die Viren –
– ist es – die Spaltung. –

– Dieses Hin und Her –
aus Fragen und Antworten –
– die morgen wieder –

– keinen Pfifferling –
mehr wert sein werden, morgen
– überflüssig sind –

– – wie kalter Kaffee – –
Und ein Teil meiner selbst hofft
– und hofft: auf Klarheit –

– Ein anderer weiß –
wie illusorisch das ist!
– Ein weiterer rast – – –

– Und diese Spaltung –
der Menschen, des Bewusstseins –
– macht einen: rasend! –

Wohin mit der Wut / In diesen Tagen

– Wohin mit der Wut –
in diesen Tagen – wenn uns
– einer widerspricht –

– in diesen Fragen –
die sich um Leben und Tod
– zu drehen scheinen? –

– Manch einer sieht rot –
könnte schreien und weinen –
– und manch einer weint –

– und manch eine weint –
auch: um die Demokratie –
– und: um die Freiheit! –

– Verfassungsrechtler
sind besorgt um den Rechtsstaat –
– und nicht zu unrecht! –

– Und lebten sie nicht –
Demokratie und Freiheit –
– stets auch: vom Disput –

– wie übrigens auch –
die Wissenschaften immer
– vom Disput lebten?! –

– Und was gibt uns Halt –
und was macht uns Mut? Und wie
– ja, wie – diese Wut –

– so lang ertragen –
bis dieser ganze Spuk, der
– uns Menschen entzweit –

– schließlich ein Ende –
nimmt – bis wir dann hoffentlich
– ? – erwachen: befreit – ? –

3. April 2020

Ein Sprung in der Zeit

I

– Ein Sprung in der Zeit –
und wir erwachen im Jahr –
– – – – 2020 – – – –

– Die Menschen eilen –
aneinander – vorüber – – –
– hier und dort: ein Blick –

– misstrauisch, wachsam –
HALT ABSTAND! sagt dieser Blick –
– und die Zeit steht still. –

II

– Man könnte meinen –
man befände sich im Jahr – – –
– in welchem Jahr nur?! –

– George Orwell beschrieb –
diese Zeit – vor langer Zeit!
– Auch Huxley beschrieb – – –

– diese Zeit, die Welt –
in: Schöne Neue Welt – schon
– vor vielen Jahren! –

III

– Willkommen im Jahr –
– 2020! – Merkst du –
– denn, was diese Zeit –

– mit uns allen macht? –
Merkst du, was sie bedeutet –
– für mich wie für dich? –

– Merkst du, wie sie uns –
isoliert, wie sie uns trennt?
– Merkst du, wie sie uns – – –

IV

– in unsere Schranken –
verweist? Wie sie uns einsperrt?
– Spürst du das denn nicht? –

Fragst du dich, wie lang – – –
– diese Zeit noch dauern wird –
– – – und wo das endet? – – –

Ein Sprung in der Zeit –
– – und wir erwachen im Jahr – –
– – – 2020! – – –

V

– Wenn wir erwachen –
spüren wir vielleicht: dies ist
– nicht – unsere Zeit!

– Wenn wir erwachen –
spüren wir vielleicht: die Zeit
– steht – keineswegs – still!

– Nein, sie rast weiter – – –
und weiter – auf den Abgrund –
– auf den Abgrund! – zu.

VI

– Über den Abgrund –
zwischen uns allen – hinweg –
– werfe ich: mein Wort! –

– Und – fängst du es auf? –
Und kannst du mich noch hören –
– und auch: verstehen? –

– Willkommen im Jahr –
– 2020. – Die Zeit –
– ist nicht: unsere! –

VII

– Die Zeit entzieht sich –
und entzieht sich uns: doch nicht –
– diese unsere Zeit! –

Die Zeit rast weiter – – –
– und weiter – auf den Abgrund –
diesen Abgrund – – – zu

– der uns alle – trennt! –
Doch über diesen Abgrund –
– werfe ich – mein Wort – –

VIII

– werfe es dir zu –
und vielleicht hörst du mich noch
– über den Abgrund – – –

– hinweg – und vielleicht –
kannst du mich noch verstehen –
– und vielleicht sogar –

– spüren – und vielleicht –
kommen wir alle doch noch –
– darüber – hinweg??? –

3. April 2020

Gerade heute / Gerade jetzt!

– Sperre deinen Geist –
nicht in die engen Schranken –
– der vorgestanzten –

– vorgeschriebenen –
Meinungen und Gedanken!
– Stelle dir Fragen! –

– Halt sie besser aus –
die Zweifel wie die Fragen!
– Stell neue Fragen! –

– Frag: Wer profitiert –
denn nun von deinen Ängsten?
– Lenke dich nicht ab –

– lass dich nicht lenken! –
Versuch, gerade heute –
– jetzt! – selbst zu denken!

3. April 2020

Ruf in die Zukunft / Vergiss nicht: die Zeit –

I

– Vergiss nicht: die Zeit –
in der wir Menschen waren –
– die sich noch treffen –

– ja, selbst: berühren –
durften! Vergiss nicht die Zeit –
– in der wir Menschen –

– noch Kinder hatten –
die auf den Spielplätzen und
– in den Parks spielten! –

II

– Vergiss nicht die Zeit –
in der wir am Flussufer –
– verweilen durften! –

– Vergiss nicht: die Zeit –
in der es kein Verbrechen
– war, auf einer Bank –

– im Park zu sitzen –
in der Sonne, im Freien –
– unter einem Baum! –

III

– Vergiss nicht: die Zeit –
in der wir Menschen waren –
– die alle wussten –

– wie es sich anfühlt –
zu zweit auf einer Parkbank
– unter einem Baum –

– zu sitzen – ohne
auf der Hut sein zu müssen –
– vor der Polizei! –

IV

– Vergiss nicht die Zeit –
in der wir alle wussten –
– wie es sich anfühlt –

– den Freund, die Freundin –
zu umarmen, zu küssen –
– ja, selbst im Freien! –

– ohne jede Angst –
vor einer Anzeige und
– vor harten Strafen! –

V / Postskriptum

– Ruf in die Zukunft?
Fällt dir an diesem Titel –
– vielleicht etwas auf? –

3. April 2020

Einsamkeit 2020 / Kein Ende in Sicht?

I

Einsam, die Freundin –
– in ihrer Quarantäne. –
Ja, ist sie denn krank?

– Offensichtlich nicht. –
Und dennoch ist sie nun – zur
– Einsamkeit – verdammt! –

– Darf ich sie sehen –
und darf ich ihr beistehen?
– Hier in Bayern? – Nein! –

II

Einsam, die Freundin –
mit ihrem behinderten
– und hilflosen Kind!

– Und wer kümmert sich –
denn nun um diese Mutter –
– und um dieses Kind?

– Die Mutter kümmert –
sich – tagein, nachtaus – allein,
allein! – um ihr Kind!

III

– Einsam, die Kinder –
die angeschrien und die
– geschlagen werden –

– in diesen Tagen –
gibt es keinen Ausweg mehr –
– für diese Kinder!

– Nein, keine Schule –
und nein, kein Kindergarten –
– und nein, auch kein Hort! –

IV

– Einsam, die alte –
Dame, die ganz alleine –
– in ihrem Zimmer –

– im Pflegeheim sitzt –
und nur noch weinen kann, weil –
– kein mehr Besuch kommt! –

– Versteht sie denn nicht –
wieso keiner mehr kommt? Doch.
– Und doch leidet sie –

V

– unter Einsamkeit! –
Und sie fragt sich – wie viele:
– Wann hört das bloß auf?!

– Einsam sind viele
in diesen langen Tagen –
– und langen Nächten –

– und viele fragen –
sich: wann hört dieser Alptraum
– endlich wieder auf?

VI / Postskriptum

– Kein Ende in Sicht?! –
Nein, nicht in diesen Tagen –
– die kaum erträglich –

– für viele Menschen –
kaum auszuhalten sind! Nein.
– Kein Ende in Sicht! –

4. April 2020

Heute im Wald / Mensch, wir trauen uns was!

– Revolutionär –
auf einer Bank zu sitzen –
– hier draußen im Wald! –

– Mensch, die trauen sich was!
Und weißt du was, mein Lieber?
– Das trau ich mich auch! –

– Sieh, hier sitze ich! –
Mach schnell ein Beweisphoto!
– Schau – was ich mich trau! –

ᔓ

Und schon wirst auch du –
– ganz mutig! Übermütig –
– sitzen wir nun da –

– auf der morschen Bank –
hier – unter all den Bäumen!
– Mensch, wir trauen uns was! –

– Revolutionär –
was wir noch alles wagen –
– in diesen Tagen! –

4. April 2020

Parkbankkontrolle / Ja, auch hier im Wald!

– Parkbank-Kontrolle! –
Ein blauer Streifenwagen
– fährt nun – durch den Wald –

– Und nein, Ihr Lieben –
das lässt uns nicht kalt! Und doch –
– hier sitzen wir noch –

– nein, vielmehr: wieder –
sobald der Wagen weg ist –
– unter dem Flieder! –

ᔓ

– Unter dem Flieder? –
Nein, doch unter den Bäumen
– wollen und werden –

– wir auch morgen noch –
sitzen, schreiben und träumen –
– von einem Leben –

– das bald wieder laut –
froh und unbeschwert erschallt!
– Ja, auch hier – im Wald!

4. April 2020

Dann: die Sirenen

– Dann: die Sirenen. –
Was soll das jetzt schon wieder?
– Nur eine Übung – – –

– murmelt ein Passant. –
Das klingt plausibel, und ja –
– das glauben wir: gern! –

Nun: die Hubschrauber

– Nun: die Hubschrauber –
die über dem Wald kreisen –
– Und was soll das jetzt?! –

– Langsam verliere –
ich noch den Verstand! Ach Schatz –
– das ist doch nicht neu! –

– Die kreisen doch oft –
hier – über dem Wald! Und doch
– frag ich mich langsam –

– und immer wieder –
– – was das alles soll – und ob
– man uns absichtlich –

– verunsichern will?! –
Und ja! Und ob! Und langsam –
– beruhige ich mich –

– und nein, ganz gewiss –
verliere ich nicht – nicht jetzt,
– nicht hier! – den Verstand! –

Gesundheit oder Freiheit?

– Nein, ich will hier nicht –
Gesundheit versus Freiheit
– gegen/ein/an/der –

– ausspielen – noch will –
ich sagen, dass die Freiheit
– wichtiger wäre! –

– Ich sage dir, dass
wir beides im Blick haben
– können und müssen! –

ൾ

– Und ich sage, dass –
weder Enge noch Gewalt
– häusliche Gewalt –

– noch Depressionen –
der Gesundheit besonders
– zuträglich wären! –

– Ich sage dir, dass –
wir all dies im Blick haben –
– und dass wir all dies –

– berücksichtigen –
müssen – bei all diesen sehr
– harten Maßnahmen! –

☙

– Ich sage dir, dass –
mir beides am Herzen liegt:
– deine Gesundheit –

– und: deine Freiheit! –
Und ich sage dir noch was:
– dass wir Menschen sind –

– die beides brauchen –
Gesundheit und auch Freiheit –
– um Menschen zu sein –

– die zurechtkommen –
können: mit dieser Krise.
– Und ein Minimum –

– an Freiheit – und ja –
auch: an Bewegungs-Freiheit
– gehört mit dazu! –

– Und ein Minimum an –
menschlichen Kontakten –
– ist unabdingbar –

– für die Gesundheit –
der allermeisten Menschen!
– Gesundheit? Freiheit? –

– Ich sage dir, dass –
mir beides am Herzen liegt!
– Und verstehst du das? –

Achtsamkeit heißt auch –

– Achtsamkeit heißt nicht –
nicht nur! – darauf zu achten –
– was in uns vorgeht. –

– Achtsamkeit heißt auch –
genau darauf zu achten – – –
– – was um uns herum – –

– im Außen – geschieht!
Achtsamkeit richtet sich auch –
– auf die Außenwelt! –

Müssen wir streiten?

– Es ist diese Zeit –
die die Zeigefinger hebt –
– und die Keulen schwingt!

– Die Moral-Keule –
wird allerorts geschwungen –
– um zuzuschlagen –

– mit Argumenten –
die Totschlag-Argumente
– sind. Hörst du das nicht? –

☙

– Es geht um Leben –
und Tod! heißt es da wie dort!
– Um Leben und Tod! –

– Genau. Gerade –
deshalb sollten und müssen
– wir ja achtsam sein –

– und nicht nur daheim –
herumsitzen – sondern auch –
– sehr scharf nachdenken! –

ღ

– In diesen Zeiten –
genügt es nicht, zu Hause –
– herumzusitzen –

– sondern wir müssen –
denken, sprechen und schreiben –
– und ja, auch streiten! –

– Müssen wir streiten? –
Offensichtlich schon! Doch wie? –
– Wie streiten wir uns? –

ღ

– Bleiben wir sachlich? –
Versuchen wir tatsächlich –
– uns zuzuhören? –

ღ

– Und versuchen wir –
einander zu verstehen?
– Darauf kommt es an! –

– Es ist an der Zeit –
Zeigefinger und Keulen –
– fallen zu lassen –

– und sachlich zu sein.
Halten wir die Bälle flach!
– Bleiben wir: sachlich! –

5. April 2020

Bleiben wir sachlich? / Bleiben wir: sachlich!

I

– Nein, ich möchte nicht –
dass deine Oma stirbt! – und
– nein, ich möchte nicht –

– Risikogruppen –
in Gefahr bringen! Und nein
– ich sage nicht – – –

– dass die Gesundheit –
vollkommen gleichgültig ist!
– Ganz im Gegenteil! –

II

– Ich sage dir, dass –
wir gesund bleiben müssen –
– körperlich, seelisch –

– und ich sage, dass –
die seelische Gesundheit
– nicht mit Hysterie –

– einhergehen kann! –
Eine Massenhysterie
– gefährdet: auch dich!

III

– Ich sage dir, dass –
wir genau hinsehen und
– nachdenken müssen –

– und auch über das –
was im Leben wichtig ist.
– Was ist dir wichtig? –

– Was ist dir wichtig? –
Welche Werte vertrittst du?
– Und wofür kämpfst du? –

IV

– Wofür stehst du ein? –
Und wofür setzt du dich ein –
– in diesen Zeiten? –

– Wie bringst du dich ein? –
Wie bringst du deine Werte –
– ein – in diese Zeit?

– Bleiben wir sachlich –
gerade jetzt, gerade –
– in diesen Zeiten?! –

Ja, es fällt uns schwer –

I

– Ja, es fällt uns schwer –
gerade in dieser Zeit –
– sachlich zu bleiben! –

– Ja, es fällt uns schwer –
die Totschlag-Argumente –
– – fallen zu lassen! – –

– Ja, es fällt uns schwer –
uns nicht zu echauffieren –
– in diesen Zeiten! –

II

Ja, es fällt uns schwer –
– diese großen Begriffe –
Freiheit, Sicherheit –

– nicht auszuhöhlen –
sondern sie konsequent zu
– Ende zu denken! –

– Ja, es fällt uns schwer –
wirklich konsequent zu sein –
– in diesen Zeiten! –

III

– Und es fällt uns schwer –
uns nicht auf die Nerven und
– ins Wort zu fallen –

– in diesen Zeiten! –
Seien wir ehrlich: Dies sind
– schwierige Zeiten –

– für dich wie für mich! –
Und ja, vieles fällt uns schwer –
– in diesen Zeiten! –

– Versuchen wir es! –
Versuchen wir es dennoch
– Brauchen wir uns?! –

6. April 2020

Beobachtung / In diesen Tagen / Der Verunsicherung

I

– Kaum jemand weiß noch –
genau, was wir noch dürfen –
– in diesen Tagen! –

– Viele wissen nicht –
was sie noch sagen dürfen –
– und auch nicht – zu wem.

– Und wir wissen nicht –
was wir noch glauben sollen –
– in diesen Tagen. –

II

– Große Verwirrung –
herrscht hier in diesen Tagen
– unter uns allen. –

– Einer sagt etwas,
der Nächste weiß es besser,
– der Dritte schreit: Nein! –

– Du sagst vielleicht: Wir
dürfen doch wohl noch – schon schreit
– ein anderer: Nein!! –

III

– Genau das dürfen –
wir eben nicht mehr! Seit wann?
– Na, seit gestern schon! –

– Bist du dir sicher? –
Dürfen wir wirklich nicht mehr –
– auf Bänken sitzen? –

– Und wie weit dürfen –
wir uns noch ans Flussufer –
– heranwagen? – und –

– ist denn nun wirklich –
jedes Landschaftsschutzgebiet –
– auch: ein Sperr-Gebiet? –

IV

– Und wie weit soll das –
und wird das – denn noch gehen?
– Und: wohin führt das?!

V

– Führt das nicht direkt –
in den Überwachungs-Staat?
– Und sind wir nicht längst –

– sind wir nicht schon längst –
dort angelangt, wo wir nie –
– niemals! – hinwollten? –

– Wenn keiner mehr weiß –
was man eigentlich noch darf –
– wenn alle nur noch –

– von Angst beherrscht sind –
vor Viren und vor Strafen –
– wohin führt uns das?! –

Es geht nicht darum / Wer nun recht behält

– Es geht nicht darum –
wer nun recht behält – und ob
– überhaupt – jemand –

– recht haben kann –
in diesen Tagen, die uns –
– so verunsichern. –

– Es geht mir darum –
dass diese Unsicherheit –
– und wie stark sie uns –

– alle strapaziert! –
Es geht mir darum, wie schwach –
– sie uns alle macht! –

– Es geht mir darum –
dass wir uns wappnen müssen –
– für das, was noch kommt –

– mit starken Nerven,
mit einer Prise Humor,
– mit Gelassenheit –

– doch auch: mit Vorsicht,
mit Achtsamkeit – für das, was
– noch auf uns zukommt! –

6. April 2020

Während ich der Welt / beim Erwachen zusehe

– Während ich der Welt
beim Erwachen zusehe –
– um fünf Uhr morgens –

– will ich präsent sein –
doch nur für dieses Wunder –
– des Himmels, der sich –

– Schicht für Schicht – erhellt,
der Sterne, die noch funkeln
– am Morgenhimmel –

– der Vögel, die nun
nicht leise, sondern lautstark! –
– den Tag begrüßen. –

ɕɔ

– Während ich der Welt –
beim Erwachen zusehe –
– (um fünf Uhr morgens) –

– will ich nicht denken –
nicht denken müssen – an all
– diese Begriffe – – –

– die mich Tag und Nacht –
die uns alle Tag und Nacht –
– in Atem halten. –

– Während ich der Welt
beim Erwachen zusehe –
– will ich nur atmen –

– ein und aus und ein –
diese frische klare Luft –
– des frühen Morgens. –

ᔕ

– Ein heißer Kaffee –
und schon ist die Welt erwacht –
– im Licht des Morgens. –

6. April 2020

Was betrifft uns noch? / Was bewegt uns – noch?

Vorspiel

Während ich der Welt
zusehe, wie sie erwacht – – –
will ich präsent sein –

– für dieses Schauspiel –
nur nur: für dieses. Doch schon
– stellen sich Worte –

– ein / und quer / und kreuz –
und quer. / Schon erscheint ein Wort
/ in meinem Geiste –

– Massenhysterie! –
Wo kommt es – gerade jetzt –
– her? Keine Ahnung! –

– Doch ich verfolge –
das Wort, das mich nun verfolgt –
– und greife es / auf. –

I

– Massenhysterie –
bedeutet doch auch, sich mit
nichts anderem mehr –

– zu befassen, als –
mit einem ganz bestimmten
– Phänomen, mit nichts –

– mit nichts anderem –
als beispielsweise diesem
– seltsamen Virus! –

II

Wer fragt heute noch –
wie es den Flüchtlingen geht?
Und wer fragt sich noch –

– was sonst noch los ist,
was sonst noch im Argen liegt –
– auf unserer Welt? –

– Wir sind: betroffen –
und nun ist der Aufschrei groß –
– und unglaublich laut!

III

Was betrifft uns noch –
– außer dieser Krise, die
uns alle betrifft?

Was bewegt uns noch –
– außer dieser Krise, die
uns alle bewegt?

Was sehen wir noch,
Was hören wir noch – außer
unserer Krise?

IV

Wem hören wir zu –
– außer den Virologen –
und Politikern?

Und glaubst du alles –
was sie dir erzählen? Ja?
Aber hörst du nicht –

– dass auch die Ärzte,
ja, auch die Virologen! –
– sich nicht einig sind? –

V

Und sieh: da sind wir –
schon wieder beim Thema, das
uns alle umtreibt! –

Sieh: da sind wir schon
– schon wieder und immer noch –
bei diesem Thema!

Da sind wir wieder –
– und dieses Phänomen heißt:
Massenhysterie!

– Und wollen wir das? –
Und können wir wirklich nicht –
– können wir wirklich –

– an nichts anderes –
mehr denken? Gibt es keine
– – weiteren Themen? – –

VI

Mein Thema heute
ist: die Massenhysterie –
die uns erfasst hat!

Mein Thema heute
ist die Frage, ob es nicht –
andere Fragen –

– gibt, die mindestens –
ebenso dringlich, ja, noch –
viel dringlicher sind?

VII

Und schon höre ich –
– im Stillen – deinen Aufschrei!
Was?! – Noch dringlicher?!

Und schon frage ich
mich selbst, ob du wohl recht hast
mit deinem Aufschrei! –

Und siehst du, auch mich –
– hat die Hysterie erfasst –
sonst würde ich nicht –

auf diesen Aufschrei –
– hören und reagieren –
der in meinem Geist –

– und nur in meinem
eigenen Geist! – entstanden –
– und erklungen ist.

VIII

Hören wir nicht auf –
uns selbst zu hinterfragen!
Hören wir nicht: auf!

Stellen wir Fragen –
– die über diese Krise –
– – hinausgehen? – Ja? – –

Stellen wir sie uns –
– diese wichtigen Fragen?
Ja! Stellen wir sie! – – –

Ist das dein Problem? / Ja, das ist mein Problem!

I

– Integre Menschen –
werden heutzutage als
– verrückt diffamiert! –

– Mutige Menschen –
werden heutzutage schnell
– zum Schweigen gebracht –

– mit Argumenten –
die Totschlag-Argumente –
– sind. Und wenn sie –

– dann doch nicht schweigen?
Dann heißt es eben: Spinner!
– Die glauben sogar –

– an Verschwörungen! –
Und was genau, Ihr Lieben –
– heißt denn eigentlich –

Verschwörung? Habt ihr
– haben wir denn nicht gelernt –
kritisch zu denken? –

II

Saßen wir nicht einst –
zusammen an der Uni –
– in Vorlesungen –

– und Seminaren –
in denen es darum ging –
– ja, genau: darum –

ging – gegen den Strich –
– zu lesen und zu denken? –
Und lernten wir nicht –

– wie wichtig es ist –
alles zu hinterfragen?
– Ja, wirklich: alles?! –

III

– Nein, ich glaube nicht –
an eine Welt-Verschwörung –
– und doch glaube ich –

– dass man nicht alles –
glauben kann und darf –
– was vor-geschrieben –

– und vor-gekaut – und
vor-gebetet wird! – Gerade –
– nicht: in dieser Zeit! –

IV

– Und was meine ich –
denn jetzt schon wieder damit?
– Denk dir deinen Teil! –

– Zu viele Menschen –
denken nicht mehr selbst, denken
– heute kaum noch nach! –

– Sie sitzen lieber –
vor ihren Geräten – wie
– vor der Schlange Kaa –

– die leise säuselt –
glaube mir, vertraue mir – – –
– und wenn du nicht glaubst –

– was sie da säuselt,
wenn du nicht hypnotisiert –
– bist (oder: noch nicht) –

– bist du dann verrückt? –
Und ich merke schon, du kannst –
– mir nicht mehr folgen – – –

– Nun gut, dann wird das –
wahrscheinlich daran liegen –
– dass ich verrückt bin! –

V

– Und spürst du denn nicht –
wie verrückt das alles ist?
– In diesen Zeiten –

– wird, wer anders denkt –
wer es einmal wagt – gegen –
– den Strich – zu denken –

– so schnell als verrückt –
bezeichnet, dass es einen – – –
– verrückt machen kann! –

VI

– Und nein, ich glaube –
an keine Welt-Verschwörung! –
– Und doch glaube ich –

– dass es an der Zeit –
ja, dass es höchste Zeit ist –
– mal nachzudenken! –

– Und ich glaube, dass –
es die Aufgabe eines
– jeden Menschen ist –

jetzt – gegen den Strich –
– zu lesen und zu denken –
und höchst aufmerksam –

– zu beobachten –
wie die Dinge laufen und –
– wohin sie führen! –

Wohin führt es uns –

– Wohin führt es uns –
wenn wir verlernen, kritisch –
– zu sein, zu fragen – – –

– zu hinterfragen –
und wenn wir nun stattdessen –
– vor dem Fernseher –

– sitzen – wie gelähmt –
und wie hypnotisiert – wie
– vor der Schlange Kaa? –

∽

– Es führt uns dahin –
dass wir Andersdenkende –
– nicht mehr ernst nehmen –

– und diffamieren –
oder dass wir es zulassen –
– dass sie diffamiert –

– und ausgelacht und
ausgegrenzt werden! Und ja –
– auch: diskreditiert!

ഗ

– Hören wir nicht –
dass die Andersdenkenden –
– etwas zu sagen –

– haben, das wir ernst –
nehmen können und müssen?
– Wir können ihnen –

– zustimmen – oder
auch nicht – doch zunächst einmal
– hören wir – gut zu! –

ഗ

– Und können wir denn
– überhaupt beurteilen –
– wer nun im Recht ist?!

– Es geht nicht darum –
es geht mir hier nicht darum
– wer hier im Recht ist! –

– Es geht mir darum –
dass niemand diskreditiert –
– und diffamiert wird!

7. April 2020

Gegen den Strich / Unter dem Strich

– Gegen den Strich –
zu lesen und zu schreiben –
– ist die Aufgabe –

– eines Schriftstellers. –
Und unter dem Strich –
– bleibt vieles stehen –

– das dir jetzt vielleicht –
gegen den Strich geht! Na und?!
– Unter dem Strich – bleibt –

– das Fazit, dass es –
so viele Meinungen gibt –
– wie es Menschen gibt! –

Und dass wir sie auch
– respektieren sollten: nicht
nur: die Meinungen –

– sondern: die Menschen
– – die hinter ihren Worten – –
und zu sich – stehen! –

Corona-Tage / Und dann auch noch: der Vollmond!

– Manch eine könnte –
jetzt ihren Partner schlagen –
– in diesen Tagen! –

Manch einer sehnt sich –
– nach einem stillen Zimmer,
einer Sekunde –

– einer Minute –
oder besser noch: Stunde –
– nur für sich allein! –

ɞ

– Manch eine sehnt sich –
nach ihren engsten Freunden
– oder dem Liebsten! –

– Manch einer sehnt sich –
nun: nach seiner Geliebten –
– und möchte nur noch –

– in ihre Arme –
sinken, endlich – in ihre
– offenen Arme! –

ಌ

– Sind wir nicht alle
ein bisschen emotional –
– in diesen Tagen? –

– Sind wir nicht alle
mitunter auch getrieben –
– in diesen Tagen? –

– Und sind wir etwa –
besonders vernünftig und
– besonnen – zur Zeit?

ಌ

– Ist es ein Wunder –
wenn wir in diesen Zeiten
– so heftig streiten? –

– Ist es ein Wunder –
wenn wir ausflippen könnten
– in diesen Tagen? –

– Corona-Tage –
und dann auch noch: der Vollmond!
– Sonst noch was? fragst du.

ଓଃ

– Was ist dein Problem? –
fragtest du mich. Ich habe
– keins! behauptest du. –

– Weißt du was? Ich schon! –
Und obgleich ich glücklich bin
– – in diesen Tagen – –

– will ich dich fragen –
Sind wir zur Zeit nicht alle
– etwas geladen?! –

Surreal, die Welt – / Doch nicht: in meinem Garten!

– Surreal, die Welt –
doch nicht: in aller Frühe –
– in meinem Garten!

– Die Vögel singen –
so unbekümmert weiter – – –
– als wäre die Welt –

– ein Biotop – und
vielleicht auch: ein Paradies –
– in diesen Tagen! –

ꟹ

– Die Apfelbäume –
offenbaren ihr zartes
– blühendes Wesen. –

– In allen Tönen –
von Weiß bis Rosé blühen –
– die Apfelblüten. –

– Und die Sonne taucht –
den aufblühenden Garten –
– in ihr warmes Gold.–

Seltsam: die Sonne, der Mond

– Ehe die Sonne –
über den Dächern auftaucht –
– sehe ich bereits –

– wie sie die Wipfel –
der Bäume erfasst. Seltsam –
– die Sonne, der Mond –

– noch nicht und nicht mehr –
zu sehen – und doch: präsent –
– ihr glänzendes Licht!

ço

– Seltsam: die Sonne,
der Mond: noch nicht und nicht mehr –
– zu sehen – und doch – – –

– so präsent – wie nie? –
Nein. Präsent – wie eh und je –
– die Sonne, der Mond. –

– Surreal, die Welt –
doch nicht: in meinem Garten –
– im Licht – der Sonne! –

Seltsam, die Sonne? / Seltsam, die Vögel? / Seltsam, diese Welt?

– Seltsam, die Sonne? –
Nein. Seltsam sind die Menschen –
– und nur: die Menschen –

– – – die das Sonnenlicht – – –
nicht schätzen, nicht erfassen
– – am Ende der Nacht! – –

– Seltsam: die Sonne? –
Nein. Seltsam sind wir Menschen –
– und nur: wir Menschen!

ᔓ

– Seltsam: die Vögel? –
Nein. Seltsam sind die Menschen –
– und nur: die Menschen –

– die ihre Lieder –
nicht hören, nicht begrüßen –
– am Ende der Nacht! –

– Seltsam, die Vögel? –
Nein, seltsam sind wir Menschen –
– und nur: wir Menschen! –

– Seltsam, diese Welt? –
Nicht die der Elemente,
– nicht die der Tiere –

– nicht die der Pflanzen! –
Seltsam ist nicht: der Kosmos.
– Seltsam ist die Welt –

– die wir uns schufen –
die wir Menschen uns schufen –
– hier: im Paradies! –

8. April 2020

Ein kleines Wunder? / Wundervoll: die Welt?

– Ein blühender Baum –
ins Licht der Sonne getaucht. –
– Ein kleines Wunder? –

– Ein blühender Baum –
in dem die Vögel singen. –
– Ein kleines Wunder? –

– Alltäglich und klein? –
Sieh: Was alltäglich ist, muss –
– noch längst nicht: klein sein! –

ᔓ

– Wundervoll, die Welt? –
Die Welt ist voller Wunder –
– die wir nicht sehen! –

– Wundervoll, die Welt? –
Das eigentliche Wunder –
– ist – nicht – zu sehen –

– dass all die Wunder –
auch weiterhin bestehen –
– in unserer Welt! –

Abends unter dem Baum

– Zwischen den Blüten –
blitzen die Sterne – im Blau
– des Abendhimmels. –

– Über mir: der Baum –
die Sterne und die Blüten –
– am Abendhimmel. –

– Und aus der Ferne –
die Stimme, die sich nähert –
– und wieder verstummt. –

– Nicht: deine Stimme –
ist es, die erklingt. Es ist –
– die leise Stimme –

– der Poesie, die –
die Blüten und die Sterne –
– besingen möchte. –

– Die weißen Blüten –
und die funkelnden Sterne –
– im Blau – des Himmels! –

Morgens unter dem Baum

– Zwischen den Blüten –
die sanfte Morgenröte. –
– Über mir: der Baum. –

– Die weißen Blüten –
im Himmel, der errötet –
– und um die Blüten –

– herum: das junge –
aufschäumende Grün im Blau
– des Himmels, der nun –

sachte, Schicht um Schicht –
– seine Farben verändert –
– – von den Rot-Tönen – –

– ins Blaue changiert –
in ein glas-klares, helles –
– dann tieferes Blau. –

– Zwischen den Blüten –
das Blau des Himmels. Im Blau
– das Gold der Wolken! –

9. April 2020

Versuch

für mich wie für dich

– Könnte ich ein Bild –
malen, das seine Farben –
– ständig verändert –

– – Könnte ich ein Lied – –
aus der Stille des Morgens –
– – heraus – schreiben – –

– Könnt ich die Farben –
des Himmels ins Bild – setzen,
– die Stille ins Lied –

– dann wären mein Bild –
und mein Lied mir gelungen:
– stets unvollendet –

– und doch: vollendet. –
Und nein: ich könnte es nicht!
– Deshalb schreibe ich! –

– Siehst du die Bilder,
hörst du die stillen Lieder –
– in meinem Gedicht? –

– Dann und nur dann –
ist mein Gedicht: gelungen –
– für mich wie für dich!

Seltsame Kunstform?

I

– Mein Material –
sind meine Gedanken und
– all meine Worte! –

– Mein Material –
sind meine Gefühle und
– all meine Worte! –

– Mein Material
sind: meine Gedanken und
– meine Gefühle –

– gegossen: ins Wort –
das ich forme und forme –
– bis es so rund ist –

– oder: so eckig –
und doch: geschmeidig genug –
– dass es: dich bewegt! –

II

Seltsame Kunstform –
– ohne ein Material –
das man greifen kann –

– ganz ohne Farben –
doch bunt! Ganz ohne Noten –
– ohne Instrument –

– und doch ist der Klang,
und doch sind die Farben die
– Hauptelemente! –

III

Seltsame Kunstform –
– die ohne Material –
das man greifen kann –

– daherkommt, auskommt,
auskommen muss – und die mir
– zur Verfügung steht!

– Seltsame Kunstform –
in der ich mich versuche –
– und die ich liebe! –

Wir brauchen keinen / Corona-Knigge

für Claudia

I

– Die Lage ist ernst –
doch wir brauchen keinen
– Corona-Knigge! –

– Und diese Wendung –
die mich zum Lachen bringt, stammt
– von dir, liebe C.! –

– Und wie du mir schon –
wieder aus dem Herzen sprichst
– meine liebe C.! –

II

– Wir müssen fragen –
und wir dürfen uns fragen! –
– ob diese Maßnahmen –

– nicht teilweise auch –
vollkommen irrsinnig sind!
– Wir müssen fragen –

– Wir müssen fragen
dürfen! – und wir müssen uns
– aufregen dürfen! –

III

– Wir müssen spüren –
wir müssen alles spüren –
– was wir jetzt spüren! –

– Auch: unsere Wut –
über manche Maßnahmen –
– und auch die Mischung –

– aus Trauer und Wut –
wenn du zum Beispiel deine
– betagte Mutter –

– nicht mehr sehen darfst –
die auf dich wartet, und die –
– die Welt nicht versteht! –

IV

– Und du darfst fragen –
ob das nicht ein Wahnsinn ist –
– der in diesem Fall –

– und ja, in vielen –
Fällen – mehr schadet als nutzt!
– Und du darfst rufen –

– und du darfst schreien –
wir brauchen, verdammt noch mal –
– in diesen Zeiten –

– in diesen harten –
Zeiten keinen verdammten –
– Corona-Knigge! –

V

– Und ich muss lachen –
und ich muss lachen dürfen –
– über diesen so –

– treffenden Ausdruck! –
Und aus der Ferne – sende –
– ich dir: mein Lachen –

– und aus der Ferne –
umarme ich dich, meine –
– ferne, doch nahe –

– und gute Freundin! –
Und aus der Ferne rufe –
– ich dir zu: Genau! –

10. April 2020

– Wir wollen und wir
brauchen – in diesen Zeiten –
– alles andere – – –

– als einen Knigge –
und nein, ganz sicher keinen –
– Corona-Knigge! –

10. April 2020

Blüten öffnen sich –

– Blüten öffnen sich –
wie lichterfüllte Herzen –
– im Licht der Sonne –

– im Frühsommer-Wind. –
Und wenn ich euch ansehe –
– ihr Blüten im Licht –

– der Morgen-Sonne –
wenn ich euch nur ansehe –
– öffnet sich: mein Herz – – –

∽

– und ich öffne mich –
für die Blüten, für das Licht –
– und für den Frühling – – –

– der in mein Herz strömt – – –
so mild und warm, sanft und leicht –
– wie nur ein Windhauch –

– oder Sonnenstrahl –
die Herzen öffnen können –
– oder: die Liebe! –

10. April 2020

Rezepte gegen die Melancholie I-III

– Ein Teller Nudeln –
und dann ein großes Glas Wein –
– unter den Sternen. –

– Ein Tunfischcurry –
und sehr viele Gedichte –
– über die Sterne. –

– Etwas zu schreiben –
über die Melancholie –
– und nicht: gegen sie. –

Rezepte gegen die Melancholie IV-VI

– Nicht zu viel denken. –
Einfach nur da sein – unter
– dem Sternenhimmel. –

– Im Mondlicht baden. –
Der Lieblingsmusik lauschen
– oder: der Stille. –

– Hören, wie der Tag –
in aller Stille – ausklingt.
– Einfach dankbar sein. –

10. April 2020

Rezepte gegen die Melancholie VII – IX

– Früh schlafen gehen. –
Vorher noch etwas schreiben –
– im Schein der Kerze –

– unter den Bäumen –
den Tag Revue passieren –
– lassen. Nichts mehr tun –

– müssen. Nur noch tun –
was immer du willst. Lesen? –
– Schreiben? Einschlafen. – – –

11. April 2020

Ein bisschen Abstand? / Ein bisschen Abstand!

– An Abstand mangelt –
es uns heute ja kaum – und
– doch vergessen wir –

– dass auch die Themen –
die uns heute bewegen –
– aus einem Abstand –

– heraus betrachtet –
werden sollten und müssen!
– Ein bisschen Abstand –

zwischen uns selbst – und
– unseren Positionen –
– – unseren Themen – –

– täte uns ganz gut! –
Eine gewisse Distanz – – –
– nicht nur zwischen dir –

– und mir – sondern auch:
Zwischen mir – und mir – sowie:
– zwischen dir – und dir! –

Wir alle irren – / Wir alle irren!

– Auf der Suche nach –
Orientierung – irren wir –
– durch dieses Wirrwarr – – –

– durch die Dunkelheit – – –
verworrener Kanäle. – –
– Wir alle irren –

– die Freiheitskämpfer –
die Gesundheitsapostel –
– die selbsternannten –

– Experten, die wir –
mit einem Mal alle sind –
– wir alle irren – – –

– wir alle irren – – –
und verirren uns: alle –
– in diesem Wirrwarr! –

Vom Wesen der Zeit

I

Zahllose Worte
gewinnen an Bedeutung
in diesen Zeiten. –

So auch das Wort: Zeit.
Was bedeutet: Zeit – zur Zeit?
Und was: in Zukunft?

Was ist: ihr Wesen?
Was ist: das Wesen der Zeit –
– in diesen Zeiten?

II

Verlangsamt sie sich –
– oder ticken die Zeiger –
dieser Zeit – – – schneller? –

– Und ist es möglich –
dass beides zur gleichen Zeit –
– geschieht: gleich-zeitig?

Die Entschleunigung –
– die oft herbeigesehnte –
und: zur selben Zeit –

– das bange Gefühl –
dass die Sekunden rasen – – –
– ins Ungewisse? –

– Und wohin führt sie
uns nur – diese seltsame –
– ungewisse Zeit? –

III

Wie viele Viren –
wie viele Ausgangssperren –
wie viele Shut-Downs –

– erwarten uns noch –
am anderen Ufer – der
– zukünftigen Zeit?

– Spürst du denn nicht auch –
– – das Rasen der Sekunden – –
– – – ins Ungewisse? – – –

IV

Und doch scheint die Zeit –
diese unsere Zeit – sich
zu verlangsamen –

– in einem Maße –
das es uns heute erlaubt –
– zu reflektieren –

– über diese Zeit –
und über die Zeit an sich –
– über: ihr Wesen. –

Könnte ich doch nur –

I

– Könnte ich doch nur –
über den Frühling schreiben,
– über die Blüten – – –

– Könnte ich doch nur –
über die Liebe schreiben – – –
– Könnte ich das nicht? –

– Nein, das könnte ich –
in diesen Zeiten – nicht! Nein?
– Gibt es nicht Themen –

– die wichtiger sind?
Nein, wichtiger nicht – und doch:
– wichtiger denn je! –

– Ja, diese Krise –
auch diese Krise gehört –
– in Worte gefasst –

– schon allein damit –
wir die Fassung bewahren –
– und nicht: verlieren! – – –

II

– Sollte ich dann nicht –
nur: über diese Krise –
– schreiben? Meinst du nicht? –

– Ist diese Krise –
nicht das Allerwichtigste –
– in diesen Zeiten? –

– Nein, das ist sie nicht!
Die Krise erschüttert uns,
– verunsichert uns – – –

– ängstigt uns vielleicht –
und umso wichtiger und
– notwendiger sind –

– die Frühlings-Worte,
die blühenden Worte – und
– die Liebes-Worte! –

Ruhe – nach dem Sturm?

– Ruhe nach dem Sturm? –
Oder: Ruhe – vor dem Sturm?
– Ruhe: auch im Sturm! –

– Innere Ruhe –
trotz aller – und in allen –
– all diesen – Stürmen.

12. April 2020

Kein Oster-Gedicht!

I

Immer mehr Menschen –
halten es für ihre Pflicht –
– andere Menschen –

– zurechtzuweisen –
in die Schranken zu weisen
– und anzuschwärzen –

– in diesen Zeiten! –
Immer mehr Menschen meinen –
– sie hätten das Recht –

– anderen Menschen –
den Mund zu verbieten! Dies
– könnte das Ende –

– der Meinungsfreiheit
sein, das bittere Ende –
– der Demokratie! –

II

– Die Demokratie –
wie auch die Wissenschaften
– beruhten niemals –

– auf einem Konsens –
sondern immer, immer schon
– auf den Diskursen –

– der Wissenschaften –
und aller – aller! – Menschen
– und: Demokraten! –

– Die Demokratie –
ist das, was hochgehalten –
– werden darf und muss –

– in diesen Zeiten –
gerade in diesen so –
– schwierigen Zeiten!

III

– Die Komplexität
der Themen und des Denkens –
– und ihre Vielfalt –

– muss berücksichtigt
werden – auch und gerade –
– jetzt – in dieser Zeit!

– Die Komplexität –
des Denkens muss erlaubt sein –
– denn wo das Denken –

– gleich-geschaltet wird –
ist das Ende der Freiheit – – –
– nicht mehr weit – entfernt! –

– Kein Ostergedicht –
könnte mir mehr bedeuten –
– als: diese Freiheit! –

Die Henne und das Ei

– Was war zuerst da –
die Henne – oder das Ei?
– Was entstand woraus? –

– Was war zuerst da –
die Viren oder die Angst?!
– Und was machst du nun –

– aus diesen Fragen?! –
Wirst du es wirklich wagen –
– zu hinterfragen –

– was zuerst da war? –
Man könnte meinen: beides!
– Angst ist ein Virus! –

– Angst ist ein Virus. –
Ein Mundschutz ist ein Maulkorb,
– ein Handschuh ein Schuh –

– den ich mir niemals –
anziehen werde! – Frohe
– Ostern, ihr Lieben! –

Im Laufe der Nacht

– Blüten wiegen sich –
sachte – im milden Nacht-Wind
– zwischen den Sternen. –

– Wolken ziehen auf –
ein feiner Sprühregen fällt,
– benetzt die Blüten –

– benetzt die Worte –
die verschwimmen und schwinden –
– im Laufe der Nacht. –

– Blüten wiegen sich –
und der singende Regen –
– wiegt mich: in den Schlaf. –

Nicht nur: zu Ostern

– Morgens: die Blüten –
ins Licht der Sonne getaucht –
– am Ostermontag. –

– Die Sonne taucht auf –
und die Blüten öffnen sich –
– wie durch ein Wunder! –

– Die Auferstehung –
des Lichtes will ich feiern –
– nicht nur: zu Ostern! –

– Sieh nur: das Wunder –
der Auferstehung des Lichts –
– und nicht nur: heute! –

Alles: erleuchtet!

– Zartblau: der Himmel –
hinter den weißen Wolken –
– über den Blüten –

– und in den Blüten –
und im lichtblauen Himmel –
– und in den Wolken –

– überall leuchtet –
überall schimmert das Licht –
– im Weiß wie im Blau –

– im Grün der Bäume –
im Rosa-Weiß der Blüten –
– im Fell der Katze –

– überall leuchtet –
und glänzt und schimmert und singt
– das goldene Licht! –

In diesem Moment

– Alles leuchtet auf –
der Himmel wie die Erde! –
– Alles: erleuchtet! –

– Ja, selbst die Worte –
wollen und dürfen leuchten –
– in diesem Moment! –

– Nimm sie – ins Dunkel –
nimm sie nur mit ins Dunkel –
– wenn die Nacht den Tag –

– in die Arme schließt –
wenn sie ihn in den Schlaf wiegt –
– den leuchtenden Tag! –

Blühendes Wunder

– Blühendes Wunder –
ein rosa-weißes Wunder –
– der blühende Baum! –

– Wie ein Wolken-Traum –
die zarten hellen Wolken
– der Apfelblüten. –

– Rosa-weiß blühend –
im frischen Grün der Blätter –
– blüht: der alte Baum! –

Sieh: wie jung und frisch / dieser alte Baum

Sieh: wie jung und frisch –
wie zart – doch unverwüstlich –
– der Apfelbaum blüht! –

– Frühling für Frühling –
Jahr für Jahr für Jahr – blüht er:
– dieser alte Baum! –

– Jahr für Jahr für Jahr –
lebt – und blüht er wieder auf –
– im Licht des Frühlings! –

Fragst du mich: Wie geht's? /
Dann sage ich dir: blendend! –

Fragst du mich: wie geht's?
Dann sage ich dir: blendend –
– solange ich nur –

– die Welt dort draußen –
die Welt aus Angst und Panik –
– einfach: ausblende! –

– Dürfen wir die Welt –
die menschengemachte Welt –
– einfach: ausblenden? –

Wir dürfen nicht nur –
– ja – wir müssen sogar –
manchmal – diese Welt –

– einfach: aus-blenden! –
Was hätte die Welt – und was –
– hättest du davon –

– wenn wir nun alle –
durchdrehen würden? Gar nichts!
– Es geht mir: blendend! –

Im Frühsommerwind / Im Blüten-Regen

– Im Frühsommer-Wind –
sitzen, wachen und warten –
– bis der milde Wind –

– uns all die Blüten –
zuträgt, bis er sie regnen
– lässt – in unser Herz?

– Rosa, lila, weiß –
fällt mir der Blütenregen –
– ins Haar – und ins Wort! –

Bratkartoffel-Blues

– Schon um sieben Uhr –
abends zu betrunken sein –
– – um zu verstehen – –

– wie wichtig es ist –
zu essen, wenn du trinken willst!
– Bratkartoffel-Blues! –

– Schon um sieben Uhr –
zu viel Prosecco trinken –
– – ohne zu essen! – –

– Bratkartoffel-Blues! –
Bitte brate mir ein paar –
– Kartoffeln, mein Schatz! –

– Danke! Nun singe –
ich den Bratkartoffel-Blues –
– für dich! Nur: für dich! –

Lass mich nicht im Stich! / Verrate mich nicht!

I

Lass mich nicht im Stich!
rufe ich ihm zu – meinem
– zukünftigen Ich. –

– Verrate mich nicht! –
Verrate mich nicht wieder!
– rufe ich ihm zu. –

– Wenn du mich verrätst –
waren all meine Worte –
– auch diese! – umsonst!

II

– Dann denke ich nach –
über das Wort: verraten.
– Wer verrät hier wen –

– und wer verrät: was –
solange ich noch schreibe?
– Verrate ich mich –

– dann, wenn ich schreibe –
oder: wenn ich nicht schreibe?
– Dann, wenn ich schreibe –

III

– verrate ich viel –
vielleicht auch: zu Intimes?
– über mich – an dich.

– Ich verrate dir –
das – was mich alles bewegt!
– Doch schreibe ich nicht –

– dann verrate ich –
– meine Kreativität –
– und: Lebendigkeit! –

IV

– Mein heutiges Ich –
will sich lebendig fühlen –
– will sich frei – schreiben – – –

– Und ich fühle mich –
lebendiger denn je, wenn
– ich mich frei – schreibe!

– Doch es gibt Zeiten –
der Unsicherheit, der Scham –
– für meine Worte! –

V

– Dann möchte ich sie
am liebsten zurücknehmen –
– – all meine Worte – –

– dann möchte ich nur –
dann will und muss ich: still sein.
– Dann bittest du mich –

– vielleicht, dir mein Buch
zu schicken – und ich sage – – –
– Nein! – Nicht dieses Buch! –

VI

Dann möchte ich nichts –
– nichts mehr von meinen Worten –
hören – und – wissen!

– Dann verrate ich –
dir nichts mehr über mich! Nichts?
– Nichts von Bedeutung? –

– Will ich das wirklich? –
Will ich mein Ich verraten –
– mein Schreibendes Ich? –

VI

– Nein, das will ich: nicht!
Und deshalb schreibe ich jetzt
– diese Gedichte –

– und diesen Appell –
an mein zukünftiges Ich – – –
– Verrate mich: nicht! –

– Kannst du mich hören? –
rufe ich ihm zu. – Vergiss –
– diese Zeilen – nicht! –

14. April 2020

Erinnere mich –

I

– Erinnere mich –
an diese meine Worte –
– rufe ich dir zu. –

– Erinnere mich –
an mein so lebendiges
– mein schreibendes – Ich!

– Erinnere mich –
daran, dass ich mich niemals –
– aufgeben wollte! –

II

– Erinnere mich –
daran, dass die Aufgabe –
– meine Aufgabe –

– darin besteht, mich –
nicht wieder aufzugeben –
– und dass die Worte –

– die mir gegeben,
mir eingegeben werden –
– meine Gabe sind! –

III

– Erinnere mich –
daran, dass ich sie niemals –
– aufgeben sollte –

– all meine Worte – – –
die ich dir schreiben, die ich –
– dir geben wollte! –

– Ist das nicht der Sinn –
einer jeden Gabe: Sie –
– weiter zu geben? –

14. April 2020

Und noch ein Rezept / Gegen die Melancholie

– Erst ein Spaziergang –
dann eine Pizza, ein Wein –
– dann ein Gedicht! –

– Dann vielleicht ein Bad –
im Wasser oder im Licht –
– des hellen Mondes –

– und in der Stille –
einer klaren Sternen-Nacht –
– in die du eintauchst! –

14. April 2020

Im Herzschlag der Nacht

Mein Herz dehnt sich aus –
– und nimmt die Worte, die du –
mir schreibst – in sich auf.

– Und schreibst du mir nicht –
dann nimmt mein Herz die Stille –
– deine – in sich auf!

– Schreibst du mir endlich –
verschmelzen Wort und Stille – – –
– im Herzschlag – der Nacht!

Meine Allergien / In diesem Frühjahr

– Immer heftiger –
reagiere ich nun: auf –
– nein, nicht die Viren – – –

– die hier grassieren –
sondern auf: Bevormundung –
– auf Belehrungen – – –

– auf all die Hashtags – – –
auf manche Beschränkungen –
– und auf: Beschränktheit!

– Auf: Hochrechnungen –
auf Auf- und Abrechnungen! –
– Immer heftiger – – –

– reagiere ich – – –
nein, nicht mit Husten – sondern
– zunehmend: verschnupft! –

15. April 2020

All meine Süchte / In diesem Frühjahr

Kaffee-Sucht, Schreib-Sucht,
Schokoladensucht, Sehnsucht,
Lach-Sucht – und Wein-Sucht!

Süßigkeiten-Sucht,
Zigarettensucht, Streitsucht –
und: Harmonie-Sucht!

See-Sucht, Sonnen-Sucht,
Lyrik-Sucht, Musik-Sucht – und
wieder: die Sehn-Sucht! –

All diese Farben / Aus ihrem Tief-Schlaf

– Bezaubernder Tag –
der hier – vor meinen Augen –
– in meinem Garten –

– sich aus dem Dunkel –
der Nacht heraus entfaltet
– der sich entwickelt –

– von einem stillen –
Bild in Schwarz-Weiß – zu einem
– schillernden Farb-Film. –

ಌ

– All diese Farben –
die rosa-weißen Blüten –
– des Apfelbaumes –

– vor dem Hintergrund –
eines pfirsichfarbenen – –
– dann blauen Himmels –

– sanft eingebettet –
in die zarten Grün-Töne –
– der jungen Blätter. –

Alles klar? / Ja, alles klar!

I

– Drei Meter Abstand! –
Nein, doch lieber vier! Wirklich?
– Nein, einskommafünf! –

– Handschuhe schützen! –
Nein, Handschuhe schützen nicht –
– doch ein Mundschutz schützt!

Ein Mundschutz ist Quatsch –
– doch bald obligatorisch! –
Ach ja? Nein – doch nicht!

II

– Die Alten schützen! –
Nein, wer arbeiten muss – muss –
– auch wenn er alt ist!

– Der Taxifahrer –
darf dich fahren! Der Mutter –
– bleibst du besser fern! –

– Vier Meter Abstand –
dann ist alles in Ordnung!
– Nein, einskommafünf!! –

III

– Sitz nicht auf der Bank! –
Doch, du darfst sitzen – doch du
– darfst hier nicht lesen! –

– Doch: du darfst lesen!
In Bayern darfst du lesen – – –
– sogar: auf der Bank! –

– Oh! Wie liberal! –
Na, Bayern war doch immer –
– schon so liberal! –

IV

Und wenn ich Abstand
– halte – zu meiner alten
Mutter – darf ich sie

– dann sehen? Bloß nicht! –
Auch nicht aus einskommafünf
– Metern Abstand? – Nein! –

– Weitere Fragen? –
Aber nein! Oder doch? Nein!
– Jetzt ist alles klar! –

16. April 2020

Wie das Leben selbst

Wenn das alles nicht –
so traurig wäre – wäre –
es schon sehr lustig!

Was heißt hier: wäre? –
Es ist so traurig – und doch
– ist es auch lustig –

– und: beides zugleich! –
So traurig, lustig, absurd –
– wie das Leben selbst! –

16. April 2020

Suche – dein Ufer!

– Ich bin die Welle – – –
im Ozean der Worte,
– rolle – auf und ab –

– suche: dein Ufer –
suche deinen Strand, strande –
– und rausche – weiter! –

Du bist die Welle –

Du bist die Welle – – –
– im Ozean der Stille. –
Und hier strande – ich!

Lies mich: wie den Sand –

Lies mich: wie den Sand –
– an einem unberührten –
und einsamen Strand! –

Lies mich – wie den Tag –
– der in der fernen Zukunft –
liegt – und wie die Nacht –

– unter den Sternen –
die wir niemals erlebten –
– am einsamen Strand! –

Lies mich: wie noch nie –

Lies mich: wie den Sand –
– an einem langen, stillen –
unberührten Strand. –

Lies mich – wie das Meer!
Ich bin nur eine Welle
– unter den vielen –

– Wellen des Meeres. –
Lies mich: wie das Salz – und dann
– lies mich: wie die Luft –

– salzgesättigt, schwer –
und doch: mild wie der Frühling –
– am bewegten Meer. –

Lies mich: wie noch nie –
– wie du noch nie gelesen –
und: begriffen hast!

17. April 2020

Still wie ein Gedicht

– Über den Wolken –
aus weißen Blüten leuchtet
– nun: der Abendstern. –

– Still wie ein Gedicht –
das nie geschrieben wurde –
– leuchtest du, mein Stern! –

– Still wie das Gedicht –
das ich dir niemals schreiben –
– noch zeigen könnte! –

Lies mich solange –

– Lies mich solange –
bis ich endlich schweigen kann –
– – in deiner Stille! – –

– Und dann schweigen wir –
schweigen: Zeile für Zeile
– – – Seite an Seite – – –

– im Licht des Mondes –
das durch die Wolken fällt – wie
– die Stille – ins Wort! –

Lies mich so lange –

– Lies mich so lange –
bis du endlich begreifen –
– und erfassen kannst –

– was du mir immer –
bedeutet hast – und was ich
– dir bedeuten will! –

17. April 2020

Bring mich nicht zu Fall / Bin ich nur ein Fall – ?

– Bring mich zu Papier –
doch nicht nur: meine Fehler!
– Bring mich nicht zu Fall! –

– Ist es ein Fehler –
so leidenschaftlich zu sein –
– oder zu schreiben –

– wie ich nun schreibe? –
Ist es ein Fehler – oder
– ist es Zufall –

– oder: mein Schicksal –
zu schreiben, wie ich schreibe?
– Bin ich nur ein Fall –

– von hoffnungsloser –
Leidenschaft? Nein. Ich schreibe –
– mich nun: ins Reine –

– denn die Leidenschaft –
und vielleicht: meine größte –
– gilt nun: den Worten! –

18. April 2020

Abendsonnen-Blues

– Abendsonnenlicht –
fällt lautlos in die Kronen –
– der alten Bäume. –

– Die Rotbuche glüht –
und glüht – ein letztes Mal – auf –
– im schwindenden Licht. –

Abendsonnenblues am See

– Abendsonnenlicht –
fällt lautlos in die Wellen
– des kalten Bergsees –

– der ungerührt bleibt – – –
berührt – und doch nicht berührt –
– vom Licht der Sonne. –

– Ihr Licht berührt ihn –
und schon verschwindet das Licht –
– im kalten Bergsee! –

Morgensonne am See

– Still wie ein Bergsee,
kühl wie ein Bergsee – bist du
– und ebenso tief. –

– Heiß wie die Sonne –
und ebenso hoch, so tief –
– wie Sonne und See. –

– schreib ich die Worte –
in deinen Wasser-Spiegel – –
– im Licht des Morgens. –

Seltsam, hier am See –

– Seltsam, hier am See –
vermisse ich: die Stille –
– unseres Gartens –

– und dort – im Garten –
vermisste ich: schon so oft –
– die Sicht auf den See! –

☙

– Ist es hier nicht still? –
Nein, darum geht es hier nicht!
– Vielleicht vermisse –

– ich: meine Kinder? –
Weshalb müssen wir Menschen –
– immer vermissen? –

☙

– Seltsam, hier am See –
vermisse ich das Feuer –
– das Lagerfeuer –

– an dem die Kinder –
nun ohne uns sitzen – weit
– weg – von diesem See! –

❧

– Aber die Kinder –
vermissen uns sicher nicht,
– nicht – heute Abend! –

– Seltsam, die Kinder –
vermissen ihre Freunde – – –
– und wir: die Kinder! –

❧

– Seltsam, ich sehe –
die Kinder heute Abend –
– weshalb vermisse –

– ich sie dann so und
vermisse ich sie – wirklich?
– Oder vielleicht – dich? –

❧

– Nein, dich vermisse –
ich gerade nicht, nicht jetzt,
– nicht hier, nicht am See. – – –

– Und da wird mir klar –
dass ich gar nichts vermisse –
– in diesem Moment! –

Seltsam, die Stille –

– Seltsam, die Stille –
ist etwas, das ich brauche –
– in diesen Wochen –

– und das ich schätze –
mehr – als ein Kaffeekränzchen –
– mit fünf Freundinnen –

– und das ich suche –
und immer wieder suchen
– und aufsuchen muss –

– um allein zu sein –
und um schreiben zu können –
– über die Stille –

– und dann doch über –
die Stille – hinweg – über
– all meine Lieben –

– die ich vermisse –
und dann doch nicht vermisse –
– hier: in der Stille. –

18. April 2020

Hier – in der Stille / Und aus der Stille – heraus

an dich und dich und dich

– Hier in der Stille –
und aus der Stille heraus –
– schreibe ich an dich. –

– Ich vermisse dich –
und dich und dich und auch dich –
– aber ich brauche –

– die Stille, den Raum,
die Weite, die Entfernung –
– um euch zu schreiben –

– dass ich euch liebe –
und wie sehr ich euch liebe:
– dich – und dich – und dich! –

18. April 2020

Windspiel-Gedichte

– In meinem Kokon –
aus Decken und aus Träumen
– liege ich draußen –

– und lausche dem Klang –
der Vögel und des Windspiels –
– im Frühsommer-Wind. –

ಌ

– Willst du nicht schlafen?
fragt der Wind. Nein, ich möchte –
– den Vögeln lauschen – – –

– dem Windspiel, dem Wind – – –
der durch die Bäume rauscht – und
– dann – schlafe ich – ein.

Weitere Windspiel-Gedichte

Hand in Hand schlafen
– auf unserer Veranda –
unter den Wolken – – –

– im Regen, im Wind –
oder in der Sonne – auf
– dieser Matratze – – –

– Hand in Hand – schlafen
draußen im Freien – im Klang –
– des leisen Wind-Spiels. –

19. April 2020

Alles scheint einfach / Im Licht des Morgens

– Der Apfelbaum fragt –
sich nicht: Wozu noch blühen?
– Nein. Er blüht einfach. –

– Die Sonne fragt nicht –
wen sie noch berühren kann. –
– Nein. Sie strahlt einfach. –

– Alles scheint einfach –
zu sein: im Licht des Morgens.
– Alles berührt mich. –

19. April 2020

Alles berührt mich / Im Licht des Morgens

Das Licht berührt mich –
– wie es durch die Blüten fällt –
an diesem Morgen. –

Der Regen, der nachts –
– so sanft in die Blüten fiel –
berührt mich: morgens. –

Immer noch glänzen –
– die Blüten und die Erde –
im Licht des Morgens.

19. April 2020

Im Blüten-Regen

– Der Wind berührt mich –
berührt meine Haut, mein Haar –
– wie meine Seele. –

– Blütenstaub berührt –
die Haut, das Haar, den Garten
– und meine Seele. –

– Das Licht berührt mich –
an diesem hellen Morgen –
– im Blütenregen. –

Die Blüten fallen –

– Die Blüten fallen –
und hier – im Blütenregen –
– blüht: meine Seele! –

19. April 2020

Fernes berührt mich

für Moritz

– Ich mag den Frühling! –
sagtest du gestern zu mir.
– Der Herbst ist traurig! –

– Der Herbst berührt mich – – –
schreibe ich dir nun zurück,
– doch der Herbst ist fern – – –

– Fernes berührt mich – – –
und in diesem Augenblick –
– ist das Ferne nah.

Die Sonne fragt nicht –

– Die Sonne fragt nicht –
kann ich den See berühren –
– mit meiner Wärme? –

– Die Sonne fragt nicht –
Spürt er den sanften Kitzel –
– all meiner Strahlen? –

– Die Sonne fragt nicht –
ob sie ihn erwärmen kann –
– mit ihren Strahlen. –

– Still scheint die Sonne –
und schreibt – in aller Stille
– Morgen für Morgen –

– Tag für Tag für Tag –
ihre leuchtenden Worte –
– in seine Wellen. –

Mal sanft, mal hitzig –

– Mal sanft, mal hitzig,
dann wieder umso sanfter – – –
– beschreibt die Sonne –

– mit ihren Strahlen –
mit leuchtenden Kringeln und
– Lichtpunkt-Reflexen –

– den kühlen Bergsee. –
Und nein, sie fragt nicht – ob er
– ihre Wärme – spürt! –

19. April 2020

Die Sonne und der See

– Ob der See sie spürt –
lässt die Sonne kalt! Sie scheint –
– und sie brennt: weiter! –

20. April 2020

Auf dem Höhepunkt / des Wahnsinns dieser Zeiten

– Auf dem Höhepunkt –
des Wahnsinns dieser Zeiten
– laufen die Dichter –

– nein – nicht ins Leere –
doch: ins offene Messer –
– offener Fragen – – –

– auf die die Menschen –
schnelle Antworten suchen –
– und auch: verlangen! –

– Dichter sind keine –
Spezialisten für schnelle –
– oder überhaupt –

– für Antworten! Doch –
wir stellen Fragen – und wir
– hinterfragen das –

– was selbstverständlich –
zu sein scheint! Und wir fragen
– immer wieder: nach! –

Übersterblichkeit / Über Sterblichkeit

– Übersterblichkeit? –
Wissen wir noch nicht! Doch über
– Sterblichkeit an sich –

– müssen wir endlich –
nachdenken! Unser Leben –
– ist nunmal: endlich! –

– Und wie wollen wir –
leben – solang wir leben?
– Beschränkt oder: frei? –

Frühlingshaft / Das Wort des Jahres?

– Wenn die Frühlingshaft –
zum Wort des Jahres wird – dann
– denke ich: Na schön! –

– Schön? So weit, so gut –
und welch ein treffendes Wort!
– Doch lassen wir zu –

– dass das Wort zum Wort –
auch der nächsten Jahre wird?
– Denken wir – weiter – ! – – –

Ein neues Ende / Ein gutes Ende?

– Ein neues Ende –
doch die Gedanken drehen –
– sich: immer weiter – – –

– mal: um die Liebe –
dann wieder: um die Viren –
– um die Politik –

– um das Verhältnis –
zwischen mir und dir – und um
– die Verhältnisse –

– zwischen uns allen –
und immer um die Achse –
– der Verhältnisse –

– zwischen uns allen. –
Und nochmal: um die Achse –
– der Verhältnisse –

– und – ganz wichtig – um:
Verhältnismäßigkeiten! –
– Ein neues Ende? –

– Ein gutes Ende? –
Doch die Gedanken drehen –
– sich: immer weiter – – –

– Nimmt das kein Ende? –
Und wo bleibt: das Happy End? –
– Kein Ende in Sicht! –

20. April 2020

Nur ein Versuch / Dich mitzudenken

– Dich mitzudenken –
als Lektor, als Freund, als mehr –
– als ich schreiben kann –

– ist auf jeden Fall –
einen Versuch wert! Heute
– versuche ich, dich –

– und deine Ansicht –
mitzudenken. – Ich male –
– mir aus, was du nun –

– sagen und meinen –
und schreiben könntest – zu all
– diesen Gedichten. –

– Zu blütenlastig? –
Nein, ich glaube nicht. Zu viel
– über die Stille? –

Nein, auch das nicht, nicht –
in diesen Gedichten, nicht –
– dieses eine Mal. –

Zu weltfremd? Nicht doch!
Aus der Zeit gefallen? Nein.
Nicht – in dieser Zeit!

– Zu lieblich? Auch nicht. –
Zu viel Redundanz? Vielleicht.
– Ich arbeite dran! –

20. April 2020

Treib es nicht zu weit! / Wie weit ist zu weit?

– Treib es nicht zu weit! –
rufe ich mir zu. – Womit? –
– Frag nicht so naiv! –

– Was kann geschehen –
wenn ich so weiterschreibe?
– Wie weit ist zu weit? –

– Du sollst die Schere
niemals im Kopf ansetzen! –
– riet mir die Freundin –

– die ich viel zu früh –
in viel zu jungen Jahren –
– an den Tod – verlor.

Du sollst die Schere –
– niemals im Kopf ansetzen!
riet mir Stefanie.

– Setz ich die Schere –
nun an, wenn ich mir schreibe:
– Treib es nicht zu weit? –

– Wie weit ist zu weit? –
Ich schreibe einfach weiter –
– so weit ich nur kann – – – !!!

Soldaten der Liebe

– Mama, die Mehrheit –
wird sich doch wohl kaum irren – – –
– Und die Mehrheit sagt – –

– Mama, die Mehrheit – – –
ist auch der Meinung – !! Sag mal –
– ist die Mehrheit klug? –

– Mein Sohn, die Mehrheit –
hat sich schön öfter geirrt – – –
– – in der Geschichte! – –

– Und lernt die Mehrheit –
aus der Geschichte? – Und was
– – lernen wir daraus? – –

– Mein Sohn, die Mehrheit –
gleicht einer Herde Schafe –
– – – ohne Hütehund – – –

– scheint sie verloren! –
Doch wer sind die Schafe – und
– wer ist hier der Hund? –

21. April 2020

Mein Sohn, sei kein Schaf –
der einem Schäferhund folgt –
– der nichts im Sinn hat – – –

– als seine Schäfchen – – –
ins Trockene zu bringen!
Verstehst du, mein Sohn? –

– Mama, du solltest –
lieber lustige Lieder –
– auf youtube hören! –

– Wäre ich dann besser –
informiert, mein Sohn? Nein, dann
– wärst du besser – drauf!

Gut, dann hören wir –
jetzt Alexander Markus! –
Zufrieden, mein Schatz?

Wir sind Soldaten –
der Lieeeebe – nana-nana –
– – na-nanaaaaaaah! – –

– Und ja, du hast recht –
nun bin ich besser drauf! Ja?
– Bis zum nächsten Lied! – – –

21. April 2020

Kleine Haft-Notiz I / Morgensonnen-Rot

– Morgensonnen-Rot! –
Bleib' im Gedächtnis haften –
– wie meine Hoffnung –

– auf ein befreites –
und selbstbestimmtes Leben –
– immer im Einklang –

– mit dir, meinem Wort –
mit dem Tag, der Nacht und dem
– Morgensonnen-Rot! –

Was erwartet mich /
Wenn ich den Schlusspunkt setze?

– Was erwartet mich –
wenn ich den Schluss-Punkt setze?
– Ein tiefer Abgrund – – –

– Ein tiefer Abgrund – – –
in den ich stürzen könnte –
– wortlos, ohne Schrei – – –

– ohne zu schreien –
ohne schreiben zu können –
– über den Abgrund? –

ഗ

– Über den Abgrund –
kann ich doch nur gelangen
– indem ich schreibe – – –

– über den Abgrund –
und über diesen Abgrund –
– der sich nun auftut – – –

– – – hinweg – und immer –
und immer wieder über – – –
– meine Abgründe! – – –

Aber wie lange –

– Aber wie lange –
halte ich das aus, wenn ich –
– nach meinem Schlusspunkt –

– schnell weiterschreibe? –
Wie lange halte ich sie – – –
– meine Worte – aus? –

– Sie zehren an mir –
verzehren meine Kräfte –
– und stärken mich – doch!

Die Stille halten – – –

– Die Stille halten. –
Die Stille wie die Worte –
– aushalten können! –

Was für ein Ende? / Ein offenes Ende?

– Ein sanfter Bogen –
der zurück zur Sonne führt –
– vom Dunkel – ins Licht? –

– Oder ein schroffes –
und abgehacktes Ende? –
– Mal was Anderes?! –

– Ein sanfter Bogen –
der zurück zur Liebe führt
– oder: zum Frühling –

– und zurück: zu dir? –
Das Ende, mein Lieber, bleibt –
– vorerst – noch: offen! –

– Und gar kein Ende –
das wäre mir: das Liebste! –
– Denken wir – weiter – – – ?

Vor der Masken-Pflicht / Hinter den Masken

– Was verbirgt sich nur
hinter all diesen Masken –
– die manche von uns – –

– freiwillig tragen –
und allzu bereitwillig –
– und allzu gerne? –

– Maskierte Menschen –
die uns bedeuten wollen –
– Ja, ich mache mit?! –

ᔓ

Und marschierst du mit –
– mit ernsten Augen – ohne
zu hinterfragen – – –

– – was verloren geht – –
was verloren gehen kann – –
– – hinter den Masken? – –

Und fürchtest du nicht –
– dass etwas verlorengeht –
hinter der Maske? – – –

ര

– Und sei es auch nur –
ein sehr zaghaftes Lächeln –
– das nun verschwindet!

– Und sei es auch nur –
ein bisschen Lebendigkeit –
– das nun verschwindet!

– Und sei es auch nur –
ein Stück Authentizität – und
– ein bisschen Leben! –

ര

– Und was heißt hier: nur?
Ich könnte heulen, wenn ich
– mit ansehen muss – – –

– wie all die Menschen –
hinter den Masken verschwinden –
– und: verloren sind! –

Verloren – für mich – – –
– die ich mit einem Lächeln –
durch diese Welt ging – ?

ᔓ

– Nein. Mein Lächeln bleibt –
in meinem nackten Gesicht –
– das ich euch zeige – – –

wenn ich euch meine –
– Zähne zeige – und meinen
Mund – der zu euch spricht!

Und mein Lächeln bleibt –
– wie meine bloßen Worte – – –
ungeschützt – und frei! –

Der Apfelbaum blüht /
Auch nachts – unter den Sternen

– Der Apfelbaum blüht –
auch nachts – unter den Sternen –
– wo ich verweile – – –

– und von den fernen –
leichteren Zeiten träume –
– wenn die Freiheit – blüht!

Die Ohnmacht und die Macht / leichterer Worte

– Dies muss mit hinein –
und jenes darf mit hinein –
– in den Gedichtband! – – –

– Die Masken? Na schön. –
Doch auch: die Sterne – und all
– die hellen Blüten – – –

– im Samtblau der Nacht! –
Die Ohnmacht – doch auch: die Macht –
– leichterer Worte! – – –

In Nächten wie diesen

– Mein Kopf ist gefüllt – – –
mit Worten wie: Masken-Pflicht –
– Lockdown, Shutdown, Krieg! –

Mein Herz ist erfüllt – – –
– von Blüten und von Sternen –
vom Mond – und von dir!

– Können Kopf und Herz –
in trautem Einklang schwingen –
– wenn wir uns trauen –

– sie zu verbinden? – – –
Ja, das können sie: auch – in
– Nächten – wie diesen! –

Schöne Neue Welt

Ein frischer Kaffee,
– ein frischer Morgen! Die Nacht
war kurz – und stürmisch!

Die Worte stürmten – – –
– nur so auf mich ein! Manisch?
Nein. Sehr kreativ! –

– In diesen Zeiten –
fragt man sich schnell, ob man selbst
– langsam – – verrückt wird – – –

– oder ob diese Welt –
diese Schöne Neue Welt –
– zum Irrenhaus wird! –

– Im Licht des Morgens – –
würde ich sagen: die Welt –
– die Schöne, Neue – – – !

Ein frischer Kaffee /
Und noch mehr frische Worte

– Ein frischer Kaffee –
und noch mehr frische Worte – – –
– hier draußen im Licht –

– der Morgensonne,
im Wind – wird die Nacht zum Traum –
– und ich erwache – – –

– und ich beschließe – – –
nicht – zu schweigen – über den –
– Wahnsinn – dieser Welt!

– Wenn ich nun schwiege –
dann würde dieses Schweigen –
– kein friedliches sein – – –

– kein sanftes, stilles –
kein zufriedenes Schweigen. –
– Ich schreibe – weiter! – – –

Tag und Nacht lieben

– Jede Nacht lieben –
– als wäre sie die erste –
– Nacht – die wir lieben! –

– Jeden Tag lieben –
– als wäre er der erste –
– Tag – den wir lieben! –

– Tag und Nacht lieben –
– als wären sie die letzten –
– beiden auf Erden! –

23. April 2020

Kleine Haft-Notiz II / Exit-Pläne / Wo ist der Ausgang?

– Die Exit-Pläne –
werden nun durchdekliniert.
– Wo ist der Ausgang? –

– Und wo ist das Ende –
für das Buch, das ich schreibe?
– Kein Ende – in Sicht? –

– Solang der Wahnsinn –
dauert – muss ich noch schreiben!
– Denn nun zu schweigen –

– wäre der Anfang –
vom Ende meines Buches –
– und meiner Freiheit! –

Könnt ihr nicht sagen / Wir haben uns verschätzt?

Könnt ihr nicht sagen:
Wir haben uns verschätzt? Nein.
Offensichtlich – nicht.

Könnt ihr nicht sagen:
Wir haben uns verrannt? Ganz –
offensichtlich – nicht.

Statt dessen führt ihr
nun neue Maßnahmen ein –
wie die Masken-Pflicht?

Angst und Bange?

– Wir alle wollen –
uns sicher fühlen! Und dies
– vereint uns: alle! –

– Die einen fürchten –
nichts mehr – als diese Viren.
– Andere bangen –

– um ihre Freiheit. –
Doch eines vereint uns: alle –
– Wir alle bangen – – –

23. April 2020

Nein, hier geht es nicht / Um ein Open-Air-Konzert!

– Nein, hier geht es nicht –
um ein Open-Air-Konzert! –
– Nein, hier geht es nicht –

– um eine Party –
und um kein Kaffee-Kränzchen! –
– Hier geht es um nichts –

– Geringeres als –
um die Freiheit, um das Recht –
– das einst: sicher – schien! –

Wer heute noch schläft

– Wer heute noch schläft –
in der Demokratie – wacht –
– morgen vielleicht auf –

– in der Diktatur! –
Verstehst du das nicht? Wer schläft –
– erwacht. – Frag dich: wo? –

– Und ja, wir leben – – –
noch – in der Demokratie! –
– Doch – wie lange noch?

Kleine Haft-Notiz III / Sind die Strukturen / Erstmal geschaffen –

– Sind die Strukturen –
des Überwachungs-Staates –
– erstmal geschaffen –

– Handy-Tracking-Apps –
Bürger mit Maulkorb, Bürger –
– in Angst und Panik – – –

– dann geht das: ruckzuck –
dann muss nur einer kommen –
– der uns führen will – – –

– wohin auch immer – – –
und dann gibt es kein Zurück –
– in deine Freiheit! –

23. April 2020

Kleine Haft-Notiz IV / Und die Strukturen –

– Und die Strukturen –
werden heute geschaffen – – –
– in diesen Tagen – – –

– der heißen Eisen –
Gitterstäbe geschmiedet – – –
– um deine Freiheit –

– und zunächst einmal –
„nur“: um deine Gedanken –
– herum! – Lass sie nicht – zu!

Kleine Haft-Notiz V / Offen zu bleiben

– Offen zu bleiben –
ist das Gebot der Stunde –
– für Argumente – – –

– und für Ein-Sichten –
und auch: für Ein-Blicke –
– in das Innere – – –

– dieser Strukturen –
die dein Inneres – das dir –
– heilig sein sollte –

– entblößen werden! –
Und seid ihr nur noch – über
– Handys verbunden – – –

– über Geräte – – –
über das weltweite Netz –
– dann geht das: ruckzuck –

dass ihr abgehört –
– geortet und geoutet –
werdet. – Offenheit –

– ist nun das Gebot –
der Stunde: Offenheit auch
– für: Argumente – – –

– und für Gedanken – – –
die frei bleiben wollen – und
– frei bleiben – müssen!

Wie lange noch?

– Solange Menschen –
wie Beate Bahner – noch
– eingesperrt werden – – –

– in die Psychiatrie – – –
und sei es auch nur (wie – „nur"?)
– für vierundzwanzig –

– Stunden (was heißt: „nur"?!)
und solange Menschen wie –
– Sucharit Bhakdi – – –

– noch nicht bekannt sind –
für die Allgemeinheit – will –
– und werde ich mich – – –

– öffentlich – äußern! – – –
Wie lange muss ich schreiben? –
– Vielleicht: für immer? – – –

Frank und frei?

– Wie lange dürfen –
wir überhaupt noch schreiben –
– wie uns der Schnabel –

– gewachsen ist – und –
was uns – so alles einfällt? –
– Hey, was fällt dir ein –

– zu diesen ernsten Themen –
Themen – den eigenen Quark –
– hinzuzugeben? – – –

– Was mir so einfällt? –
Oh, mir fällt einiges ein –
– zum Beispiel dieses –

– franke und freie – – –
Gedicht! Und dann: noch viel mehr! –
– Bleib dran! Lies – weiter! –

Postskriptum / Solange du kannst

– Solange du kannst – – –
sollst du lesen und denken –
– und: Fragen stellen! –

23. April 2020

Verschwörungs-Theorien I / Zur Definition

– Wer heute anders –
denkt als erwünscht, wird – ruckzuck –
– in die Verschwörungs- –

– Ecke gestellt. Was –
genau – bedeutet das Wort? –
– „Verschwörung“ – heißt: was? –

„Verschwörung“ heißt nichts
– anderes als: Geheime
Absprache. Gleich mehr – –

– zu diesem Thema? –
Zum Thema „Verschwörungen“ –
– lesen wir uns – gleich! –

Verschwörungs-Therorie II / Das neue queer?

I

– Wer heutzutage –
auch nur ein bisschen querdenkt
– oder sich querstellt –

– wer nicht nachbetet –
was ihm vorgekaut – oder –
– vorgeschrieben wird –

– muss sich die Frage –
gefallen lassen: Glaubst du –
– an Verschwörungen?! –

II

– Oder, noch schöner:
Aha. Du bist wohl jemand –
– der an sowas glaubt? –

– Nun mal ein Beispiel. –
Die Presse meldet etwas.
– Du hinterfragst es. –

– Aha. Dann glaubst du –
wohl: an Verschwörungen? Dumm!
– Du glaubst – auch alles! –

III

– Nein, du wolltest nur –
diese Presse-Mitteilung –
– hinterfragen! – Ja? –

– Ach komm schon, du bist –
doch auch so ein Verschwörungs-
– Theoretiker! –

– Merkst du, wie das läuft?
Und: merkst du, wie schnell das geht?
– Nein, das glaubst du nicht? –

IV

– Tja, dann bist du wohl –
auch einer von denen, die –
– jeden Quatsch glauben? –

– Merkst du, wie absurd –
das ganze Spielchen abläuft?
– Nein, dies ist kein Spiel –

– und nein, auch kein Spaß! –
und vielleicht denkst du ja mal –
– ernsthaft? – ernsthaft! – nach? –

Verschwörungs-Theorie III /
Woran glaubst du noch?

– Nein, ich glaube nicht –
an eine Welt-Verschwörung!
– Was soll das denn sein? –

– Aber ich glaube –
nicht alles – was ich lese!
– Und wer kritisch denkt –

– und wer hinterfragt –
was er hört und liest – wird schnell
– – – in eine Ecke – – –

– gestellt: Verschwörung! –
Verschwörungs-Theorien! – – –
– Ha! Wie leichtgläubig! –

– Ist das nicht seltsam –
wer die Grundrechte hochhält –
– gilt schnell als einer –

– der leichtgläubig ist! –
Woran glaubst du noch? An nichts?
– Dann liegst du: richtig! –

23. April 2020

Verschwörungs-Theorie IV / Weißt du was: ich weiß –

– Weißt du was: ich weiß –
auch nicht mehr als du – über
– – all die Absprachen – –

– die nicht öffentlich –
stattfinden! Natürlich nicht!
– Doch wenn du nicht glaubst –

– dass es Absprachen –
gibt, die nicht offengelegt –
– werden – für jeden – – –

– von uns, dann bist du –
unfassbar naiv. – Und ja – – –
– ich glaube, dass es – – –

– Absprachen gibt – und –
auch: geheime Absprachen! –
– – Aber natürlich! – –

– Doch ich glaube kaum –
dass wir jemals erfahren –
– werden, wer sich nun –

– schon wieder mit wem –
abspricht, abgesprochen hat –
– und absprechen wird! –

– Weißt du was, ich weiß –
auch nicht mehr als du – doch ich
– stelle – mehr – Fragen! –

„Verschwörungs"-Theorie V / Wenn nun die Presse

– Wenn Wissenschaftler –
heute dies und morgen das –
– und jenes sagen – – –

– dann liegt das daran –
dass auch die Wissenschaftler
– nicht allwissend sind! –

– Wenn Journalisten –
heute dies, morgen jenes –
– festschreiben werden – – –

– dann liegt das daran –
dass auch die Journalisten –
– sich irren können! – –

– Und: das dürfen sie! –
Und wir dürfen – und müssen –
– das hinterfragen – – –

– was geschrieben steht –
und zwar: zu jedem Zeitpunkt!
– Und glaubst du das nicht? –

– Nein, nichts ist in Stein –
gemeißelt – kein Wort! Und nein –
– auch das meine – nicht! –

Über die Worte – / Gerade: diese –

– Irgendwo am Rand –
am Rande meines Denkens –
– tauchen Schatten auf – – –

Was diese Themen – – –
– für lange Schatten werfen –
über die Worte! – – –

– Doch diese Themen –
gehören auch beschrieben!
– Gerade diese! –

Auch wenn die Schatten –
– nun lang und länger werden –
über den Worten – – –

– hoffe ich dennoch – – –
dass die Worte hilfreich sind
– und nicht ganz: umsonst! – – –

23. April 2020

Politisch werden? / Lieber bliebe ich –

– Politisch werden –
wollte ich eigentlich nie! –
– Wo führt das bloß hin?

– Lieber bliebe ich –
bei den Blüten und Sternen –
– und: bei der Liebe! –

– Doch in dieser Zeit –
erscheinen selbst die Sterne –
– und auch: die Blüten –

– wie die Sinn-Bilder –
der Vereinzelung – sowie –
– dieses freien Falls – – –

– ins Ungewisse! – – –
Und selbst die Liebe – könnte
– politisch werden – – –

– Ja, selbst die Liebe –
muss nun: politisch werden –
– in diesen Zeiten! –

23. April 2020

Und so schreibe ich / Fast wie eh und je

– Und so schreibe ich –
über das, was mich umtreibt –
– und um und um treibt –

– fast so wie immer? –
Ja. Aber eben nur: fast! –
– Fast: wie eh und je! –

– Und liest du mich noch –
und liest du mich: immer noch –
– – genauso gerne? – –

– Falls nicht: das macht nichts! –
Ich muss genau so schreiben:
– – fast so – wie immer! – –

24. April 2020

Sollten wir uns nicht / langsam daran gewöhnen?

Sollten wir uns nicht –
langsam daran gewöhnen –
nicht mehr frei zu sein?

Klingt doch verlockend –
ein neues Biedermeier –
ein Rückzug ins Heim –

– sofern du eins hast –
– und Biedermeiermöbel!
– Gewöhne dich – nicht! –

Gewöhne dich – nicht!

– Haben wir uns nicht –
schon längst daran gewöhnt, uns
– nicht mehr zu treffen –

– mit den Großeltern –
und mit den alten Eltern –
– und Schwiegereltern? –

– Ist doch sehr bequem –
weniger Pflichten und noch
– weniger Sorgen? –

ꟹ

– Dem Opa geht's gut –
in seinem Pflegeheim! Und
– wir schleusen besser – – –

– keine Viren ein! –
Ist doch sehr bequem! Oder?
– Und deine Oma –

– vermisst dich sicher –
nicht! Sie ist doch gut versorgt?
– Gewöhne dich: nicht! –

❧

– Gewöhnten wir uns – – –
nicht längst – an die Zustände?
– Ja, die Gewohnheit – – –

– Unterschätze nicht –
die Macht der Gewohnheit – und
– der Bequemlichkeit! –

– Haben wir uns nicht –
schon ans Gewöhnen – gewöhnt?
– Gewöhne dich: nicht!! –

Vorsatz

– Mit hellen Augen –
doch nicht: blauäugig – in die
– Zukunft zu blicken. –

– Mit hellen Augen –
doch nicht: blauäugig – durch die
– Wälder zu streifen – – –

– Mit hellen Augen –
doch nicht allzu kurzsichtig –
– durchs Leben gehen! – – –

24. April 2020

Justitia schielt / Nur für kurze Zeit?

– Humanitäre –
Katastrophen – auf beiden
– Seiten der Waage. –

– Justitia schielt – – –
und sieht die eine Seite –
– und wie sie sich neigt – – –

– und die andere –
Seite sieht sie nicht? Schon neigt –
– sich die Waagschale – – –

– zunächst: unbemerkt – – –
und dann schließlich: doch bemerkt –
– oder doch noch nicht? – – –

– schnell zur anderen –
zur leiseren Seite – hin.
– Leiser – die Seite –

– eben noch: leichter –
wiegt sie nun: schwer und schwerer! –
– Doch auf der nunmehr –

– zu schweren Seite – – –
der Waagschale – schreit – keiner?
– Stumm: all die Schreie – – –

– und Justitia – – –
halbblind – und taub – auf einem –
– auf dem linken Ohr! –

24. April 2020

Ausgerechnet jetzt!

– Ausgerechnet jetzt –
soll Spitzwegs Justitia
– versteigert werden! –

– Ausgerechnet jetzt –
im Mai Zweitausendzwanzig –
– kannst du es kaufen! –

– Willst du es kaufen? –
Ist die Göttin denn käuflich?
– Nein. Doch das Bild schon! –

24. April 2020

Justitias Schwert

– Sehr leicht vom Sockel –
zu stoßen, diese – Spitzwegs –
– – – Justitia! – – – Ja! –

– Ein Riss durch die Beine –
– durch ihre Waden-Beine – – –
– Ein Riss – durch den Stein! –

– Und nur ein Symbol –
– nur ein einziges Symbol – – –
– ist hier noch intakt! –

– – Justitias Schwert! – –
Doch auch der Soldat, der hier –
– – um die Ecke – lugt – – –

– trägt ein solches Schwert!
Interessantes Bild! – Ja, stimmt.–
– Du kannst es kaufen! –

Wieder ein Ende? / Doch keine Option!

– Wieder: ein Ende. –
Diesmal vielleicht: das Ende –
– der Gerechtigkeit? –

– Oder das Ende –
des mündigen Bürgers, der
– für dumm verkauft – und –

– bevormundet – wird? –
Ende der Freiheit – und auch
– der Selbstbestimmung? –

ଓ

– Oder: das Ende – – –
einer schönen Illusion?
– Wohlgemerkt, hier geht –

– es natürlich nur –
um das Ende des Buches –
– das ich nun schreibe! –

– Doch diese Enden – – –
sind einfach unerträglich –
– und: keine Option! –

25. April 2020

Kleine Haft-Notiz VI / Dies ist kein Freibrief!

– Entschuldige mich –
wenn ich mich nicht oft melde –
– in diesen Zeiten! –

– Entschuldige mich –
wenn ich viel zu viel schreibe –
– in diesen Zeiten! –

– Entschuldige mich –
wenn ich manchmal ausflippe –
– in diesen Zeiten! –

ᔓ

– – Entschuldige mich – –
wenn ich manchmal launisch bin –
– – himmelhoch jauchzend – –

– – zu Tode betrübt – –
zu heiß, zu kalt, zu lauwarm –
– – oder nicht ganz da – –

– weil ich schreiben muss –
über diese schräge Zeit – – –
– – entschuldige mich– – –

ଓ

– – für eine Weile – –
und ich entschuldige dich – – –
– – für was auch immer! – –

Entschuldige mich / Für eine Weile

– Von diesem Gedicht –
könnte ich x Versionen
schreiben – nur für dich!

– Entschuldige mich – – –
wenn ich so abwesend bin –
– weil ich schreiben muss! –

– Entschuldige mich – – –
wenn ich oft so gereizt bin –
– obgleich ich mich doch –

– so sehr bemühe – – –
um Ausgeglichenheit – jetzt –
– in diesen Zeiten! – – –

– Entschuldige mich – – –
wenn ich manchmal zynisch bin –
– und manchmal lache – – –

– wenn du betroffen – – –
bist (zu viel Betroffenheit
– kann manchmal schaden) –

– und wenn ich manche –
Themen ausklammern möchte –
– doch das verstehst du –

– und dann wieder nicht –
und wenn ich manchmal einfach –
– drauflos schreiben muss – – –

– oder auch: sprechen – – –
wie ein Wasserfall – – – über
– die Themen, die du –

– ausklammern möchtest! –
Entschuldige mich, wenn ich –
– schwer auszuhalten –

– und schwer zu fassen –
und nachzuvollziehen bin!
– Und hier merke ich – – –

– wie aus meinem du – – –
ein weiteres du wird – und –
– noch eins und noch eins –

24. April 2020

– Von diesem Gedicht –
könnte ich x Versionen
– schreiben! Nur für dich? –

– Nein, für euch alle! –
Und bitte, entschuldigt mich –
– für eine Weile! – – –

Dichter dran? Dichter verstummen –

– Dichter verstummen –
einer nach dem anderen – – –
– Geblendet? Gelähmt? –

– Geblendet – von den
grellen Schlag-Lichtern? Gelähmt –
– oder erschlagen – – –

– von den Schlag-Zeilen? –
Dichter, bleibt bitte – dicht – dran!
– Verstummt – bitte – nicht! –

ꝏ

– Gerade heute –
zählen eure Stimmen mehr –
– als jemals zuvor! –

– Gerade heute –
müsst ihr all den Schlag-Zeilen –
– etwas entgegnen: –

– leisere Worte – – –
und doch auch: lautere Worte!
– Verstummt – bitte – nicht! –

Gerade heute – / Dicht dran bleiben!

– Gerade heute – – –
sind die Dichter nicht erwünscht –
– und auch nicht: gefragt –

– (viel zu unbequem,
zu sperrig, zu schwer, zu leicht –
– misszuverstehen) – – –

– Und genau deshalb –
müsst ihr nun weiter schreiben! –
– Dichter: bleibt – dicht – dran! –

26. April 2020

Dein wahres Gesicht

– Misch dich ein, misch mit,
lass dich nicht mundtot machen –
– oder: totschweigen! –

– Bring dich wieder ein –
in die Diskussion! Misch mit –
– auch wenn du dich nicht –

– unter die Menschen –
mischen kannst und darfst – oder
– nur noch: virtuell! –

– Misch dich ein, misch mit –
und setze den Schlag-Zeilen –
– – – etwas entgegen – – –

– ein freies Gedicht –
ein ungeschütztes Lächeln –
– dein wahres Gesicht! –

Gib mir keinen Like! / Schreib: deine Meinung!

– Sag: deine Meinung –
auch wenn sie nicht erwünscht ist –
– in diesen Zeiten! –

– Sag: deine Meinung –
auch wenn sie unbequem ist –
– in diesen Zeiten! – –

– Gib mir keinen Like! –
– Schreib mir einen Kommentar! –
– Schreib: deine Meinung!

Sei mutig! Misch mit!

– Artikuliere –
deine Fragen und deine
– eigene Meinung! –

– Artikuliere –
die Fragen und die Zweifel –
– an allem, was ist –

– und: deine Meinung –
sofern du noch eine hast!
– Sei mutig! Misch mit! –

In diesen Zeiten / zähle ich: auf dich!

– In diesen Zeiten –
wird allzu schnell belächelt –
– wer noch Einwände –

– und wer noch Fragen –
– auch: unbequeme Fragen –
– und Kritik-Punkte –

– in den Einheits-Brei –
– und in die Nudel-Suppe –
– (Buchstabennudeln!) –

– der Diskurse wirft! –
Weichgekocht: die Nudeln – und
– das Denkvermögen?! –

– Kritikfähigkeit – – –
Skepsis, Zweifel, Streitbarkeit –
– alles: unerwünscht?! –

– Wie mutig von dir – – –
deine Meinung zu schreiben! –
– schrieb eine Freundin. –

– Danke, du Liebe – – –
schreibe ich zurück. Und schreibst
– du – deine Meinung? –

– Meinst du, sie zählt nicht?
Ich sage dir, dass sie zählt! –
– Ich zähle – auf dich! –

Beinah frei: der Blick

– Beinah frei: der Blick –
auf die Berge, auf den See –
– in diesen Stunden – – –

– der – relativen –
Freiheit. Kurz: der freie Blick,
– schmal: das Zeit-Fenster –

– von dem ich wünschte –
es könnte offen bleiben – – –
– Offen: auch für dich! –

Morgen geht es los / mit dem Masken-Ball!

– Karnevalsmasken –
habe ich immer gehasst – –
– und nie getragen! –

– Bald ist Karneval – – –
und ich muss mich maskieren! –
– Macht mir das jetzt Angst? –

– Alle werden sich – – –
maskieren müssen! Die Angst –
– maskiert sich – gerne! –

– Die Angst maskiert sich! –
Die Angst trägt heute Masken –
– jeglicher Couleur! – – –

– Ein bisschen Abstand –
hätte vielleicht ausgereicht –
– Abstand – von der Angst! –

– Die Angst maskiert sich! –
Die Angst maskiert sich: gerne –
– und hat Spaß daran! – – –

– Die Angst sagt: „Sieh mal –
wie schön ich mich maskiere! –
– Jetzt herrscht Karneval!“ –

– Karneval der Angst – – –
und: große Psycho-Oper? – –
– Maskenball – der Angst! –

– Die Angst maskiert sich! –
Die Angst geniert sich – gar nicht –
– hinter der Maske! – – –

– Ich geniere mich – – –
doch das wird sich bald legen!
– Morgen geht es los! –

26. April 2020

Tauch mit mir unter / Geh mit mir unter –

für T.

– Geh mit mir unter – – –
die Decke – schlaf mit mir ein –
– und dann träumen wir –

– vom Untertauchen –
an einen stilleren Ort –
– an dem wir frei sind! –

– Tauch mit mir unter! –
Verstecken wir uns – vor dem
– Maskenball – der Angst? –

– Kein Ort ist sicher! –
Es sei denn, unser weiches –
– behagliches Bett –

– in dem wir schlafen –
und träumen: von der Insel –
– jenseits der Masken. –

Mit oder ohne –

– Mit oder ohne –
Maske: Menschenscheu bin ich
– immer – gewesen! –

– Einkaufen gehen –
mit oder ohne Maske? –
– Am liebsten: gar nicht! –

– Viel Spaß da draußen –
auf dem Maskenball! Ich bin –
– heute nicht dabei – – –

– und morgen auch nicht! –
Ihr könnt auf mich verzichten –
– im Bioladen – – –

– und auf der Straße –
und in der Apotheke – – –
– und wo auch immer –

– ich heute nicht bin. –
Ich bin zu Hause – oder –
– in meinem Garten – – –

– selbst wenn es regnet. –
Hier sitze ich – im Regen – – –
– und schreibe – weiter! –

Liebster, du kaufst ein –

– Liebster, du mischst dich –
unter die Menschen, unter –
– all die Maskierten – – –

– auch nicht sehr gerne –
doch du tust es: für mich –
– und ich danke dir: so! –

– Liebster, du kaufst ein –
und ich danke dir dafür –
– mit diesem Gedicht! –

27. April 2020

Hier – auf diesem Weg

– Unter die Menschen –
mische ich mich meistens nicht –
– besonders gerne. – – –

– Unter den Menschen –
habe ich nicht allzu viel –
– verloren – oder – – –

– schon: viel zu vieles! –
doch was auch immer ich schon –
– verloren habe – – –

– eines lasse ich – – –
mir jetzt nicht nehmen: und zwar –
– meine Lebenslust! –

– Und ich teile sie –
meine Lebenslust – gerne –
– mit euch und mit dir –

– hier: auf diesem Weg –
den ich alleine gehe – – –
– dem Weg – der Lyrik. –

Unterwegs / In den Sommer / 2020

Gesenkte Köpfe,
traurige Augen, Münder –
die verbunden sind.

Wird so der Sommer
2020 aussehen?
So traurig, so trist?

Traurige Menschen,
die sich langsam einrichten –
im neuen Normal. –

Unwort des Jahres / 2020

Unwort des Jahres:
das neue Normal. Geht's noch?
Geht's nicht noch trister?!

27. April 2020

Ein stillerer Ort

für Monika

– Vielleicht ist es gut –
dass du das alles nicht mehr –
– erleben musstest? –

– Du bist, wo du bist –
an einem stilleren Ort –
– jenseits dieser Welt. –

– Immer noch gibt es –
stillere Orte – diesseits –
– wie jenseits – der Welt.

– Immer noch gibt es –
Augen – die dich erinnern –
– dein stilles Lächeln –

– deinen tiefen Blick –
deine Augen, die dunkel –
– und gleichzeitig hell –

– in die Welt sahen. –
Vielleicht siehst du sie nicht mehr –
– doch wir sehen dich. –

27. April 2020

– Deinen ernsten Blick –
der so tief in die Welt fiel –
– dein feines Lächeln –

– und dieser: dein Blick –
und auch dein leises Lächeln –
– werden uns bleiben. –

– Und dort, wo du bist –
blickst du vielleicht in diese –
– so seltsame Welt – – –

– und siehst die Menschen – – –
hinter all ihren Masken –
– und lächelst – leise. –

27. April 2020

Dort, wo du nun bist –

– Die Stille liebtest –
du: immer – und immer mehr.
– Und es herrscht Stille –

– dort, wo du nun bist. –
Die Stille brauchtest du – und
– immer mehr davon – – –

– wie du uns sagtest. –
Und dort, wo du nun bist, herrscht
– ewige Stille. – – –

– Doch wir hören: dich –
die Worte, die du sagtest –
– und: ihren Nach-Hall. – – –

– Gewählte Worte –
niemals eines zu viel – und
– keines – zu wenig. –

– Die Stille hast du –
geliebt – doch auch die Worte –
– wahre und tiefe –

– Worte – liebtest du. –
Und wir liebten dich – und wir –
– vergessen dich nicht! –

– Nicht: deine Liebe –
und nicht: dein leises Lächeln –
– und: deine Stille. –

Alle Blumen –

– Du liebtest Gärten,
liebtest es, draußen zu sein –
– in deinem Garten. –

– Nun binde ich dir –
einen Strauß aus den Worten –
– und aus der Stille. –

– Und alle Blumen –
wiegen sich – leise lächelnd –
– und nicken dir zu. –

Und keine Blume –

– Und keine Blume –
macht ein Aufhebens von sich –
– so wenig – wie du. –

– Und alle Blumen –
blühen – so üppig und bunt –
– in diesem Frühling –

– und manche: so weiß –
blühen – und verabschieden –
– sich: still und leise. –

Und mein letzter Strauß –

Und mein letzter Strauß –
– erreichte dich in deinem
Krankenhauszimmer –

– wo du ihn ansahst –
mit geschlossenen Augen –
– sahst du die Blüten – – –

– von oben – wie sie –
blühten – und fielen? Der Strauß
– soll nicht der letzte –

– Strauß gewesen sein –
der dich erreichte! Dieser Strauß –
– aus Wort und Stille –

– wird dich erreichen –
dort, wo du ruhst – und blühst: in
– alle Ewigkeit! –

Inhaltsverzeichnis

Hannah Buchholz im Schillo Verlag:

Als Gabriele Holz:
Uferzeilen
Gedichte
66 Seiten, Leinen, 2008
ISBN: 978-3-937000-16-9

Schlaflos
Gedichte
152 Seiten, Halbleinen, 2013
ISBN: 978-3-944716-00-8

Ein halbes Lichtjahr
Gedichte
mit Illustrationen von Greta Rief
176 Seiten, Halbleinen, 2016
ISBN: 978-3-944716-10-7

Als Mitherausgeberin:
»Herzweise«
100 Gedichte der Gegenwart
Anthologie
Mit Gedichten von
Sandra Blume, Simone Lucia Birkner,
Hannah Buchholz, Diana Jahr, Á. M. Perezáno
152 Seiten, Halbleinen, 2017
ISBN 978 -3 -9 4 4716 -12-1

Fünf Tage im August
Haikus
104 Seiten, Halbleinen, 2019
ISBN: 978-3-944716-90-9

Schillo-Verlag

www.schillo-verlag.de
www.hannahbuchholz.de
www.hannahbuchholz.wordpress.com

ISBN: 978-3-944716-46-6